LA DAMA DEL BIRRETE

(1.ª Edición)

Martín J. Padrino. R

LA DAMA DEL BIRRETE

1

Fue el último día en que vio a su papá y por primera vez recordó ese momento sin llorar. Su cabello mostraba rastros del paso del tiempo. Vio la camisa de palmeras azules añorando las hermosas playas del Caribe colombiano por las que tanto se desvivía. También vio al rufián con su arma borrar el aliento del ser que más amaba. Aún retumban en su memoria aquellos tres disparos que perforaron el débil cuerpo del maestro Suárez, arrancándoselo para siempre de su existencia. Nunca pudo olvidar el rostro del criminal. Quedó acuñado en su mente, aunque una manta en ese inextricable lugar ocultaba aquella imagen. Fue a partir de aquel fatídico día cuando su madre comenzó también a morir, luego de desvanecerse como un papel sobre sus pies frente al inexplicable hecho.

La rabia por la muerte de su padre hizo pensar a Vicki María lo delgado que es la justicia en un mundo abandonado a los horrores de la vanidad y el crimen. No pudo resistirse en pensar la satisfacción que le produciría someter al criminal al delgado filo de la *Katana* que exhibía su padre en la pared de su cuarto. «Tal vez me daría algo de paz». Frente a tal pensamiento, se precipitaba este: «la justicia es más que eso».

Hay quienes dicen que la muerte es el remedio para todos los males. Cuando se convierte en un instrumento político para satisfacer los intereses de una minoría, algunos se ven forzados a encontrar en el miedo un refugio para intentar evadir tan trágico designio. No son pocos los que llegan a tal estado de postración abrigados por el terror.

Todo ocurrió la noche del miércoles Santos, cuando la población de San Jerónimo, en el Departamento de Antioquía, despertó consternada por el asesinato del maestro Suárez, a quien llamaban *Paíto*. Era, sin duda, un hombre ejemplar. Su muerte envolvió a la población en un estado de tristeza, similar al que suelen inspirar los héroes.

Eran las cinco y treinta de la tarde cuando el maestro se encontraba junto a su hija, la niña Vicki María. Sin entender lo sucedido, fue testigo ocular del asesinato de su padre. Solo contaba con nueve años de edad. Nunca se imaginó que aquel hombre de cara corroída y ojos llenos de furia dispararía en tres oportunidades contra su padre, quedando tendido a sus pies, luego que uno de los proyectiles le hiciera añicos el corazón.

San Jerónimo era una ciudad pacífica. Se encuentra en el Occidente de Colombia. Algo distante del férreo control de la delincuencia organizada y de los grupos dedicados al tráfico internacional del litio, un metal utilizado en la fabricación de baterías para vehículos, aviones, naves y en los acumuladores empleados en las estaciones espaciales. Es una industria muy poderosa, surgida a partir de la necesidad de proveer al mundo de sistemas energéticos más eficientes, desplazando a las energías provenientes del petróleo. Son altamente contaminantes y uno de los causantes del calentamiento global agudo (CGA) del planeta durante el Siglo XXI, llamado por algunos científicos el Siglo de la extinción.

En un informe clasificado del Gobierno Americano, filtrado por el científico estadounidense Karl Dewart, integrante del equipo de científicos del Centro Americano para los Estudios Ambientales, conocido por sus siglas (CAEA) y quien renunció a su cargo luego de publicar en las redes el informe que momentos antes le habían enviado al presidente de los Estados Unidos.

Esta acción activó un brutal asedio global en las comunicaciones por los americanos, mediante el bloqueo de satélites y sus señales, así como la estrepitosa caída de servicios de telefonía e internet a nivel mundial. Todo orientado a evitar la difusión del *"Informe sobre los efectos del Calentamiento Global Agudo (CGA) del planeta durante el Siglo XXI"*, emitido por el CAEA. Sin embargo, el colapso de los sistemas de comunicación en todo el Planeta no impidió el acceso al documento de las organizaciones ambientales, a las que minutos antes Dewart se lo había enviado:

Centro Americano para los Estudios Ambientales:
Asunto: Informe sobre los efectos del Calentamiento Global Agudo (CGA) del planeta durante el Siglo XXI.
Destinatario: Presidente de los Estados Unidos de Norteamérica
Nivel: CLASIFICADO- XXX

New york, 21 de agosto de 2035, 8:00#270203-2035

ACCESO RESTRINGIDO
SOLO PRESIDENTE Y VICEPRESIDENTE
DE LOS ESTADOS UNIDOS.

INFORME: EFECTOS DEL CGA:
El Calentamiento Global Agudo (CGA) es un fenómeno producido por los gases de efecto invernadero (GEI) originados por la contaminación del medio ambiente. Estos gases, al quedar atrapados en la atmósfera, calientan de manera excesiva la superficie de la Tierra, generando temperaturas de 150 grados en algunas regiones del planeta. Esta es la verdadera causa de las muertes en cadena que se han desatado en la última década.

La industria de los países del primer mundo ha sido la principal responsable del aumento de la contaminación en el planeta. La capa de ozono se ha reducido en un 70%.

Han sido múltiples las incitativas adelantadas para intentar revertir la llegada del CGA en el Siglo XXI. Todas fracasaron.

Uno de los ensayos orientados a detener el calentamiento global fue el Pacto Verde Europeo (PVE): una hoja de ruta creada por la Comisión Europea para convertir a Europa en un Continente con reducción de 50% de la emisión de gases de efecto invernadero para el año 2030. ~~Estos compromisos tampoco se cumplieron. Todos los esfuerzos orientados a concretar tales propósitos chocaron con los intereses de muchas Corporaciones y Gobiernos en el mundo.~~

~~Contrariamente, realizaron las más perversas prácticas para simular el cumplimiento de las metas.~~

La reconversión industrial y fabricación de nuevos productos y aleaciones utilizadas en la industria para evitar la generación de gases como el vapor de agua

(H2O), el dióxido de carbono (CO2), el metano (CH4), el óxido nitroso (N2O) y los gases flurados, para retardar el impacto en el efecto invernadero, no logró el objetivo. Esto llevó a que continuaran empleando la energía fósil por ser más barata y accesible. Algunas de las naciones competitivas en energía fósil, que antes eran ricas por poseer los mayores reservorios de petróleo del planeta, pasaron a ser las más pobres y atrasadas. Además, sin excepción, hoy todas son colonia.

Los problemas climatológicos ocasionados por el CGA han provocado que grandes extensiones de tierra en el planeta sean sumergidas. Incluso varias ciudades. Estudios realizados por las más importantes Universidades del planeta y el Instituto Mundial para la Paz Ambiental (IMPA), adscrito al Organismo de las Naciones Unidas de Países Progresistas (ONUP2), han revelado que existe la posibilidad de un incremento del nivel del mar en más de un metro. <u>De seguir este ritmo, el planeta se quedará anegado en agua en los próximos 20 años.</u>

El CGA hizo de la Tierra un lugar inseguro: Venecia será barrida por las aguas del mar. Igual suerte correrá Londres en el Reino Unido. Asia Oriental, Japón y Osaka en Tokio, sufrirán las mismas consecuencias. En América del Norte ciudades como Nueva York, San Francisco y Boston perderán el 35% de su territorio. En los próximos 3 años Cancún experimentará los efectos de tsunamis de manera permanente. Sídney, en Australia, quedará bajo las aguas con inminente riesgo de desaparecer definitivamente en los próximos 2 años. En los Emiratos Árabes Unidos, Abu Dhabi y Dubái, serán conquistados por el mar.

Los 18° grados alcanzados en la Antártida durante este Siglo, producto del CGA, aceleraron el derretimiento de los glaciares. Grandes iceberg se han visto desde satélites. Y han llegado a alcanzar el tamaño de un país.

~~A todas estas catástrofes se suma un nuevo fenómeno que se estima será el más peligroso: grupos de desplazados en varios continentes de la tierra pasarán a vivir hacinados, sin agua y hambrientos. Mientras la contaminación del ambiente y la devastación del planeta por la deforestación han comprometido millones de hectáreas para extraer minerales valiosos y recursos como el litio.~~

~~La aparición de enfermedades raras durante estas dos últimas décadas ha ocasionado la muerte del 30% de la población del planeta desde la aparición de la primera pandemia del Siglo XXI: el Covid 19.~~
Luego del terremoto del apocalipsis, Turquía y Siria retrocedieron por lo menos cien años. Los volcanes el Mauna Loa y Kilaues en Hawái, la caldera de Yellowstone en los Estados Unidos, el Popocatépetl en México, el Monte Vesubio en Italia y el Cotopaxi en Ecuador, han despertado de su profundo sueño y se mantienen en absoluta vigilia.

Se ha producido una irreparable devastación del 70% del pulmón vegetal del planeta: la Amazonía. A esto se suma la presencia de las 3 pandemias luego del 2019. Todas afectaron los sistemas inmunes de la Humanidad. <u>Acabaron con el 25% de la población mundial. Estas pandemias explican la cantidad de casos de bebés verdes, con una sola pierna, un solo brazo, un riñón, un pulmón. A este aspecto se añaden los problemas de esterilidad que se han manifestado en mujeres de algunos países.</u>

Se maneja la hipótesis según la cual la desaparición de las abejas en todo el planeta afectó la producción de café, manzanas, fresas, leguminosas, aguacates y almendras.

Se sigue estudiando si los casos de vacas salvajes aparecidos en la región de Chernóbil se deben al consumo de maíz transgénico.

~~El científico Haz Newton descubrió recientemente un fenómeno mediante el cual rayos de luz solar atraviesan la capa de ozono hasta alcanzar la superficie terrestre, creando zonas sin oxígeno (ZsO2) cuyas temperaturas pueden superar a las producidas por el sol en su corona. Ya el uso de fotómetros para medir la intensidad de estos rayos de luz es irrelevante. En honor a quien los descubrió se les dio por nombre los Hazes de Newton.~~

~~Estas columnas de luz han venido penetrando a la tierra desde hace algún tiempo y es lo que explica el calentamiento global actual del planeta. Sin~~

~~embargo, lo peligroso es que solo estamos ante la etapa inicial de este fenómeno. Se estima que de continuar la voraz contaminación del planeta, durante los próximos años estos hazes de luz solar se multiplicarán por cientos en toda la superficie de la tierra, poniendo fin a la especie humana.~~ En América Latina se ha producido un vertiginoso incremento del negocio ilegal del litio, la depredación de enormes extensiones de tierra fértil y el agotamiento y contaminación de las principales reservas de agua dulce en el planeta. <u>Estamos a las puertas de la extinción de la Humanidad.</u>

Se sugiere seguir con el Proyecto *Colonización del Espacio*. Y continuar con los estudios de ADN de la población seleccionada a los fines de garantizar 3 generaciones libres de enfermedades. De lo contrario, no habrá más posibilidad de vida en ninguna parte del Universo.

2

El crimen ocurrido en San Jerónimo, un territorio hasta ayer pacífico, era una señal del avance de la violencia y cómo ésta se había hecho viral en los diferentes Departamentos de Colombia. Ahora tal fenómeno tocaba las puertas de ese poblado hasta entonces apacible.

La violencia es el *pan nuestro de cada día* en Colombia. Nada ni nadie lo impide. Se trata de una suerte de modo de vida, cuya máxima parece ser *"donde no llega la justicia, empieza la violencia"*. Y no hay peor violencia que el hambre.

Aquel suceso quedó fijado para siempre en la mente de la niña. En aquellos días, no pudieron dar con el paradero del criminal. Tampoco hubo mayor interés del Gobierno en investigar aquel suceso. La tragedia quedó, como tantas otras, para engrosar la montaña de expedientes "X". El papel de las autoridades se topó con el escollo de no poder reconstruir el retrato hablado del culpable, pues la única testigo habría sido la niña, quien se sumergió desde aquel día en un silencio que parecía eterno. Primero perdió el habla. Los especialistas recomendaron no someter a la niña a nuevos traumas intentando identificar al causante de su mudez y, peor aún, de haber quedado huérfana.

Asunción, su tía, se debió hacer cargo de la crianza de Vicki María, por lo que la llevó fuera de San Jerónimo, a Bogotá, para intentar romper todo vínculo con ese cruento pasado. Dos años debieron transcurrir para que la niña recuperara progresivamente el habla. Parecía que estaba aprendiendo a balbucear por primera vez. Fue un proceso lento y difícil. Requirió de varios especialistas para revertir el trauma: psicólogos, terapeutas de lenguaje, trabajadores sociales, hipnotistas y hasta un cura amigo de Asunción.

La soledad fue el cautiverio de la niña. La vida le depararía nuevas desgracias. Dos meses después del asesinato de su padre, su madre se suicidó. Entendió que su vida estaba marcada por el infortunio. Sus padres ya no estarían a su lado para acompañarla. Tampoco verían de ella en sus noches perturbadas por las asfixiantes pesadillas… Su madre, en un acto egoísta, no pensó en Vicki María y decidió apagar su vida para siempre. Suicidio fue la causa reflejada en el informe del doctor Zacarías. En realidad aquella mujer no soportó la ausencia de su compañero de toda la vida. Optó por ir tras él. Ahora la niña habitaba en la inseguridad de un mundo que le había despojado de todo.

El silencio y la soledad la obligaron a distanciarse de sus amigos más cercanos. Enterró todos los recuerdos de su infancia. Luego de transcurridos ocho años del crimen de su padre, su única meta era culminar los estudios de periodismo en la Universidad y regresar a San Jerónimo. Una aspiración que solo fue posible gracias a su tía Asunción, en quien encontró aliento y refugio cuando se sentía perdida en un eterno limbo.

El talento e inteligencia de Vicki María eran únicos. Le permitieron ingresar a la Universidad Externado de Colombia a sus dieciséis años de edad. Era madura y brillante. Logró destacarse por encima del resto de sus compañeros. Tal vez el hecho de llevar a cuesta la sombra de la desgracia por el fallecimiento de sus padres, hizo de ella una feroz estudiante. Siempre dispuesta a defender lo único que realmente le pertenecía: su inteligencia.

Durante las noches, Vicki María era acechada por extrañas pesadillas: sentía que caía por un precipicio hacía un mundo hostil, donde miles de ojos la seguían a través de intrincados laberintos. Un lugar inhóspito, poblado por seres sin rostro, cuya cruenta vida les había condenado a vivir en las profundidades de la tierra. Seres acostumbrados a andar por las sombras. El alma de la chica, en ese submundo, era un tesoro, la llave de salida de aquel infierno. Era el único espíritu inocente que moraba en ese sórdido lugar de muerte y maldad. Su única alternativa era correr por su vida en medio de un lodazal rojizo y pestilente. Igual al infierno de Dante.

De pronto, una risa dislocada se dejaba escuchar al final del camino. Era un sujeto de traje negro y rostro roído por alguna especie de enfermedad que ni la furia del mismo Creador hubiera podido permitir. Mientras la mirada abyecta de aquel hombre la retornaba a su estado de mudez, una esfinge humana se deslizaba como fantasma llevando una especie de sombrero por aquel panteón lleno de desgracia y desolación, dejando una estela de muerte. Cada vez que Vicki María despertaba, se encontraba con la mirada protectora de la tía Asunción.

—Vicki María, haz vuelto a tener pesadillas. Intenté levantarte, pero consideré que debía dejarte hasta que tú despertaras por tu propia cuenta a ver si lograbas salir de una vez de ese mórbido trance.

Cada mañana, después de levantarse y de haber vivido una noche atormentada por las pesadillas, Vicki María salía temprano a comprar el periódico. Como era habitual, revisaba las noticias de sucesos de *El Semanario de San Jerónimo*. El día en que despertó con una inusitada taquicardia en el pecho, se publicó la noticia de un nuevo degollamiento. En esta ocasión la víctima era un hombre, un Concejal de la Cámara Municipal, aliado del gobernador de Antioquía.

—Otra víctima, después de mis pesadillas, —dijo en susurros.

Las pesadillas no pararon de acosar a la joven, menos los sucesos sangrientos en San Jerónimo. La única salida que encontró a tal estado de flagelación onírico fue asumir su inminente retorno a San Jerónimo. «La culebra se mata por la cabeza», —solía decir su padre, expresión que ella repetía toda vez que encajaba.

Vicki María se graduó con los máximos honores. Recibió una mención especial por haber sido la primera mujer de la Universidad Externado de Colombia que obtuvo el título de Licenciada en Comunicación y un doctorado al mismo tiempo. Una hazaña que solo pudo compartir con la tía

Asunción antes de regresar a su casa, en San Jerónimo.

Al llegar a su vivienda, suspiró despacio para contener la retahíla de recuerdos que inmediatamente se volcaron en su mente. Miró alrededor de su habitación buscando rastros de su infancia. Era difícil no toparse con ellos. Las paredes estaban repletas de recuerdos. También la cocina, la sala. Desde su partida, la casa había quedado habitada por los recuerdos que vagaban por las esquinas como fantasmas. Había fotos de Vicki con sus padres. Verlas era la única forma de traer esos momentos de vuelta, llenando su presente de alegría. Sentía tocar a sus padres, que hablaba con ellos… Una ligera sonrisa se precipitó en su rostro. Por eso dicen que si recuerdas a alguien en realidad no ha muerto…

Fue entre ese montón de muchachos descalzos y de piel cobriza envuelta por el sol y curtida por el rojizo polvo de la sabana, donde Vicki María aprendió a conocer la pasión de *Paíto*. Los muchachos procedían del campo y llegaban a la escuela en el estado más silvestre de la existencia. A manos del maestro Paíto Suárez, como cariñosamente le llamaban, eran moldeados cual arcilla al calor del conocimiento que los transformaría en hombres y mujeres de bien. En ese nicho de sueños y esperanzas la niña Vicki María empezó a madurar.

La escuela, aposento de la sabiduría, era prohibida para esa otra parte de la sociedad colombiana que vivía a la sombra, a pesar que sus hijos encontraban en ella un refugio frente a la asfixiante violencia que consumía vorazmente al campo colombiano.

Había transcurrido más de un Siglo desde que el flagelo de la violencia y el terrorismo mostró sus primeros vestigios en la sociedad. La interminable guerra por el control del litio había empobrecido al país y de forma particular al campesinado, un sector muy sensible en la economía colombiana. Los campesinos no demoraron en aglutinar desmedidos esfuerzos para que sus hijos se convirtieran en los primeros desertores de un conflicto que no les pertenecía.

La violencia era peor que la sarna. No escatimaba esfuerzo para asirse de los cuerpos sobre los cuales podía manifestarse… En el año 2035, el Gobierno reportó que el contrabando de litio había alcanzado la cifra de quince mil millones de dólares (un poco menos del Presupuesto anual de un país pequeño de América Latina) por su extracción en la selva y en otras regiones del país. Tal actividad estaba a cargo de grupos armados, controlados por poderosas mafias que operaban en Colombia con la anuencia de políticos corruptos e inversores privados, principalmente de nacionalidad China. Bolivia era otra de las naciones que formaba parte del arco del litio en Latinoamérica. Su Gobierno entregó el millonario negocio del litio a los chinos. Una decisión que sin duda alguna les ocasionó consecuencias, debido a que Bolivia posee el 35 por ciento de las reservas probadas de litio en el mundo, lo que le abría las puertas a la nación asiática para transformarse en la primera potencia del mundo en controlar el monopolio del litio durante el Siglo XXI.

Habían pasado once años desde que Vicki partió de aquella casa. En su mente despertaron impetuosos fragmentos de algunos recuerdos: el barullo de los chicos en el colegio, la tierra rojiza en sus rostros, el inmenso salón de clases de su padre, el hombre sin rostro, la fantasmagórica figura humana con sobrero que aparecía en sus pesadillas, los tres disparos en el aire que impactaron la humanidad de su padre, luego el cuerpo tendido en el piso, la sangre brotando sin control, el silencio fúnebre que sobrevino después, las sirenas de la ambulancia, la cara roída del Alcalde en el funeral, las lágrimas de su madre indicando su pronta partida, el pocillo de cerámica, el llanto incontrolable de los niños, quienes sintieron que ese día habían asesinado sus esperanzas. También sintieron quedar huérfanos.

Todo era parte de un pasado que seguía supurando remembranzas. La casa hablaba por sí sola. Sus juguetes estaban allí, en la habitación, intactos. En el mismo lugar donde los dejó la última vez. Su mente era anegada por pensamientos de la infancia. Su corazón se llenaba de dolor. Aún seguían vivas las heridas dejadas por la muerte de sus padres. Ese torbellino presente en la mente de la chica fue captado por su tía Asunción. Fue así como la hermana de *Paíto* decidió sacarla de San Jerónimo para tratar de romper con ese cruento pasado.

El pocillo de lágrimas, como ella llamaba a la pequeña vasija de barro que su madre le regaló días antes de su trágica muerte, estaba aún llena, a pesar del tiempo transcurrido.

Los vecinos habían advertido la presencia de la niña Vicki María. Estaba hecha mujer. Se licenció de Periodista y había regresado a la casa. Desde hacía años las puertas de la vivienda se mantuvieron cerradas. Nadie se atrevió a ingresar desde la muerte de *Paíto*. Aun así, el lugar se mantuvo vivo. Las flores del jardín seguían mostrando su esplendor y colorido. Los pájaros se mantenían resistentes a la soledad y al abandono.

Todas las mañanas acudían en bandadas al patio de la casa como si alguien los estuviera esperando con agua y algún manjar. A pesar de los años transcurridos, el lugar parecía no haber estado vacío.

Gumersindo Azafrán recordaba con mucho afecto al maestro Suárez. Acostumbraba a llevarlo al colegio junto a su hija en su viejo Mercedes Benz. El día de la muerte de *Paíto* no fue la excepción. El maestro se encontraba organizando los preparativos para la Semana Santa. Al ver a Vicki María, Gumersindo la abrazó con el afecto de un padre. De inmediato, llamó a Euristeres del Carmen, su esposa:

—Mujer, hágame el favor de venir para que veas a la hija del profesor, mira que ya es una mujer. Se parece a *Paíto*.

El hombre invitó a la joven a cenar esa noche junto a su familia.

—Hoy Euristeres preparará lo que más te gusta: pollo frito con papas, ¿qué dices?

Hacía mucho tiempo que Vicki María no compartía con desconocidos. No titubeó en mostrar su desconcierto frente a un hecho que no era parte de sus planes. Se trató de un gesto inconsciente.

 —No creo que pueda acompañarlos esta noche, Señor Azafrán. Vine con la intención de buscar unos documentos y poder realizar algunas diligencias. Solo estaré en casa el tiempo necesario para llevar a cabo estos trámites.

Gumersindo pensó que la joven mujer aceptaría la invitación. Se quedó entre confundido y algo consternado.

Horas más tardes, Vicki se encontraba en las oficinas de la Policía Nacional Colombiana. Intentaba conseguir información sobre la muerte de su padre. Allí, logró hablar con el inspector Arauco Peláez. Un hombre de ojos profundos, impenetrables, malicioso; de rostro endurecido y castigado; mirada misteriosa, propia de quien esconde algo que intenta guardar en el rabo del ojo. Presumido y desvergonzado. Estaba acostumbrado a buscar en cada persona un potencial culpable. Arauco Peláez hacía vida en un ambiente donde lo menos que se respiraba era justicia. Las paredes de la Comandancia estaban tapizadas de retratos añejos de cientos de malhechores con ese característico color ocre y cubierto por telarañas. El tiempo, o tal vez la falta de interés de los funcionarios, habían hecho de estos retratos verdaderos escondrijos de todo tipo de alimañas. Una muestra de la eficiente forma en que la justicia de los bichos a veces se torna más diligente que la tardía justicia humana.

El inspector Arauco Peláez, al ver a la recién llegada, en su hora de almuerzo, no escatimó en decirle:

—Y a usted, ¿qué la trae por aquí?, —dijo el policía, exhibiendo su chapa de identificación con su cadavérica imagen—.

—Soy la hija del maestro Suárez.

—¡Ah¡ ¡Entiendo! Eres la huérfana de la familia Suárez ¿Es el famoso caso del asesinato del maestro, cuya esposa, dos meses después, se suicidó por ahorcamiento?, —preguntó el policía soltando cada palabra como si fueran nuevos disparos ahora contra Vicki.

La joven, embestida por la cantidad de recuerdos que desataron los señalamientos de inspector, debió respirar profundo para contener las ganas de llorar y lograr responder sin quebrarse.

—Sí, es así, señor Inspector ¡Me imagino que hay avances en las investigaciones sobre el caso!

Mientras hablaba con algo de comida en la boca, el policía jurungaba entre los legajos de expedientes arrumados en cajas de cartón con cintas adhesivas que estaban debajo de su escritorio y, a un lado, en un estante que estaba apoyado contra la pared de yeso a medio caer, por el peso de las causas criminales, habitual en estas regiones empobrecidas, había un número mayor de carpetas numeradas y agrupadas según el año en que ocurrió el suceso.

Muchos de estos expedientes correspondían a causas que, aun estando abiertas, eran engavetadas cuando los sabuesos de la policía no lograban dar con el culpable o con los elementos de juicio que los llevaría a su posible identificación. Una práctica muy común cuando las víctimas no contaban con algún padrinazgo de los que ofrece el poder.

El inspector se sintió interpelado por las acuciosas preguntas de la periodista. Se dispuso a despacharla enseguida…

—Firme aquí, llene la planilla allá, enfrente, y solicite una entrevista con el ciudadano Fiscal para que retomen el caso… No acostumbramos a decirles a los familiares de las víctimas cuándo un caso lo ponemos a dormir.

Nada más frustrante que ese encuentro con el Inspector ese día. Haberse enterado que la resolución del crimen de su padre dependía de un trámite si había voluntad de hacerlo o de si mediaba por allí alguna ayuda. Por algún momento, la joven tuvo la inusual sensación que no valía la pena empecinarse en la idea de retomar las averiguaciones del asesinato. La conversación con el Inspector Arauco Peláez le sirvió además para comprender que tal displicencia en el cumplimiento de sus responsabilidades estaba determinada por el valor e importancia que los policías daban a las víctimas.

—¡Ah!, ahora soy yo quien entiende, la vida de un maestro vale menos que la de una persona con dinero, o la de un cabecilla de bandas criminales, o peor, que la de un político.

La discrecionalidad en el manejo de las causas echaba por tierra aquella garantía constitucional según la cual todos somos iguales frente a la Ley. Pero hay unos que son más iguales que otros. Al parecer, funcionarios como el inspector Arauco Peláez ignoraba que en la sociedad colombiana se había arraigado un cansancio, que no solo era producto de la inseguridad ciudadana, sino también de la política. Tarde o temprano sería la base de inminentes conflictos sociales.

Una de las motivaciones más fuertes que decantaron en Vicki la necesidad de estudiar periodismo fue su empeño por evitar que la impunidad siguiera incubándose en el corazón de los colombianos, bajo el oprobioso silencio de un Estado embelesado por los intereses de una élite acostumbrada a jugar a una democracia de utilería que cada día iba perdiendo significado para la paz y convivencia de la sociedad.

Vicki regresó a su casa y encontró el reloj de su padre, con sus manecillas excitadas por su tímido movimiento dentro de aquel minúsculo bloque de acero tallado, incapaz de asfixiar al tiempo, indicando la hora en una época cada vez más incierta para la Humanidad.

En el closet del cuarto de su padre, Vicki María encontró un paquete de regular tamaño. Estaba cerrado. Mantenía intactos los sellos de envío. En su interior había una toga y un birrete. No recuerda habérselo visto puesto a su padre. Menos aún a su madre. Tampoco podía asegurarlo. Era apenas una niña cuando ambos murieron.

La máquina de escribir de su madre, marca Olympia, se encontraba inerte en el escritorio. Siempre dispuesta a vaciar sobre el blanco papel las letras de una nueva historia nacida de la imaginación de la escritora Dora de Suárez. Al lado de la máquina se encontraba la agenda de cuero del maestro *Paíto*, donde acostumbraba a realizar sus anotaciones. Tenía varias hojas rasgadas.

En el baño estaba la afeitadora eléctrica con la que solía jugar al barbero y rasurarle la barba a *Paíto*: tres tristes y minúsculos pelos. Desde la ventana de la casa divisaba a Azafrán y a su esposa. Estaban sentados a la mesa. Se disponían a cenar cuando se percataron de que la joven había regresado a su casa y los observaba por la ventana. Le hicieron una señal para que los acompañara.

Vicki María se rindió ante el suculento aroma del pollo frito que se colaba por las hendijas de la ventana. Accedió a acompañarlos. La chica era de pocas palabras. Estaba retomando el hábito de la convivencia. Al finalizar la comida, Euristeres recogió los platos de la mesa y los llevó a la cocina, mientras su esposo aprovechaba la ocasión para conversar con Vicki. Momentos antes, la pareja había ensayado la necesidad de platicar con la joven sobre la situación actual de San Jerónimo.

—Vicki, no dudo que tu regreso a San Jerónimo tenga que ver principalmente con tu deseo de lograr que se esclarezca el asesinato de tu papá y de dar con el culpable. Debo advertirte que esta tierra ya no es la misma de cuando eras niña. San Jerónimo, desde la muerte de tu padre, cambió para siempre. En ocasiones, hasta nosotros nos sentimos forasteros en nuestra propia tierra. Aquí la violencia y la muerte se han impuesto del mismo modo en que se ha instalado en el resto del país. Las personas prefieren callar porque sienten que el silencio les ayuda a olvidar y les ofrece seguridad. Desde la llegada del inspector Arauco

Peláez a la Policía Nacional, los crímenes que ocurren aquí apenas son investigados y muchos quedan en ese tenue limbo que describe el olvido. Tú estás sola y es recomendable no jurungar demasiado ese asunto ¡Recuerda!, tienes una vida por delante y una profesión que debes honrar como reconocimiento a la memoria de tu padre.

Como dijo Azafrán, debía honrar su profesión. Era algo a lo que ella estaba dispuesta para desterrar ese fardo de excremento que se había hecho del control de la población de San Jerónimo y, por extensión, del país. Estaba dispuesta a hacer todo lo que estuviese de su parte para arrancar el velo de impunidad que cubrió la muerte de Paíto...

3

Quienes se dedican al difícil oficio de estudiar la mente, al halar una hebra de recuerdos de quien ha vivido en total estado de enajenación mental, se encuentran con la triste realidad que detrás de ese hilo se encuentran las más atroces imágenes, jamás reveladas. Ocurre que una suerte de obstáculo de acero interrumpe el paso de la imagen e impide que llegue a ese lugar que a ratos nos hace sentir vivos, llamado memoria. La mente es el único receptáculo del cuerpo humano capaz de esconder los mayores horrores de las personas. Solo allí es donde estos pueden sobrevivir.

Era la primera noche en la que Vicki María estaría sola en casa, sin la compañía de la tía Asunción para cuidarla ante las asfixiantes pesadillas. Si pretendía enfrentar ese Universo exterior tenía primero que comenzar por resolver su mundo interno minado de misterios y de personajes sin rostros que la amedrentaban toda vez que dormía. Nada era más real que la cara ahuesada del inspector Arauco Peláez y el mundo que había en torno a él, junto a una sociedad cuyo silencio los hacía cómplices. Aun así, tanto Peláez como sus acólitos, parecían de otra dimensión, donde solo tienen lugar personajes propios de las historias de terror.

Ahora en sus pesadillas tomaba cuerpo una nueva figura fantasmagórica que aparecía portando un birrete en su cabeza. Esta vez logró verla más de cerca en el sueño. Era una mujer de cabellos largos. Pero sus ojos eran sangre viva. Tenía sed de venganza. El patrón de las víctimas de esta asesina con birrete era siempre el mismo: sujeto masculino, con algún antecedente criminal, señalado de estar relacionado con el negocio ilegal del litio, las drogas o la trata de personas, vinculado a la política, con alguna cicatriz en el rostro y con bigotes. Estas dos últimas características cayeron en la sociedad antioqueña masculina como un balde de agua fría. La demanda en las barberías se disparó. Lo mismo ocurrió con las visitas a profesionales de cirugía plástica. Estaba claro: buscaban evadir un trágico designio. Por algún motivo, la dama del birrete empezaba a ser apreciada, querida, admirada y hasta considerada en las encuestas de opinión en contextos de elección de candidatos a cualquiera de los cargos de elección popular, incluso a la Presidencia de la República. En poco tiempo la llamada *dama del birrete* se ubicó en tercer lugar de preferencia del electorado… En sus actuaciones justicieras acostumbraba a dejar en sus víctimas un pequeño y genuino birrete tatuado en el pecho. Y a un lado la abreviatura DB.

Al día siguiente, Vicki María se presentó en el diario *El Semanario de San Jerónimo*, uno de los periódicos locales de mayor reputación y circulación en la localidad. Mientras esperaba, pudo escuchar los comentarios de los periodistas sobre el suceso ocurrido durante la noche anterior, donde fue hallado el cuerpo degollado del jefe de seguridad del gobernador Galaviz, en el bar Sin Letras de San Jerónimo, muy visitado por políticos. El lugar quedaba frente a la Catedral. La noticia le erizó la piel a la periodista cuando escuchó que la policía asoció este crimen a la dama del birrete.

Vicki María estaba decidida a encontrar trabajo como periodista. Sus credenciales y la condición de hija del difunto Paíto, le abrieron las puertas para ingresar al equipo del periódico. El director Justo Prieto, quien fuera amigo de Paíto, le propuso que escribiera en una columna del diario. Ella no dudó en aceptar. Escribió su columna bajo el nombre de *Paradón*, una frase elegante para una sociedad fanática al balompié. Ella no tenía experticia sobre ese deporte, aun así, el nombre resultaba atractivo en el mundo periodístico y, en general, en la sociedad colombiana.

Su primer trabajo lo dedicó al tema del machismo. En la investigación que debió realizar en el archivo del periódico, mediante el uso de las redes tecnológicas, le llamó la atención un reportaje realizado por la periodista Daniela Díaz, del diario español *El País*, a comienzos del año 2023, donde diversos movimientos sociales colombianos elevaban su preocupación al Gobierno ante el incremento de los feminicidios en Colombia vinculados al machismo. Tan solo en los primeros dos meses de ese año se habían cometido veinticinco crímenes violentos contra mujeres.

El artículo generó un debate en San Jerónimo y en el resto del país. Cientos de mujeres atestaron con cartas de agradecimiento a la periodista Daniela Díaz por haber visibilizado un problema que solo se tocaba con guantes de seda, pues muchos altos personeros de la política colombiana y de las Fuerzas Armadas eran conocidos como furibundos machistas.

La sociedad colombiana encontró con la publicación del artículo un espacio para ventilar temas que habían sido silenciados hasta en el seno del hogar. Despertó también el interés por abrir la discusión sobre asuntos de otras esferas de la vida pública. Así fue como Vicki María logró ser invitada por varios grupos de activistas sobre Derechos Humanos para hablar del machismo.

El primero de los eventos se realizó en la Universidad Externado de Colombia donde Lucrecia Medina, ponente mexicana, manifestó su preocupación por la dimensión que habían alcanzado los crímenes contra mujeres en su país:

—Solo en el último año los asesinatos mostraron una nueva variante: el rostro femenino. Es decir, más del sesenta por ciento de las muertes violentas en el primer trimestre han sido de mujeres. Estas terminaban siendo asesinadas por sus parejas, novios, amantes, padres, abuelos y bandas organizadas…

Era un complejo tema que no podía pasar inadvertido. Al tiempo que escuchaba la realidad dibujada por las palabras de la Conferencista, Vicki María pensaba en la necesidad de fomentar otra cultura, otra educación, otra dinámica social. Pensaba qué habría hecho su padre para enfrentar este problema.

Por su parte, el periodista Alfonzo Cano, del diario español *El País,* en su ponencia manifestó:

—A propósito de nuestra participación, hemos decidido iniciar nuestra intervención presentando la premisa central que surgió de nuestro trabajo. Es decir, los datos obtenidos de una investigación periodística realizada a sujetos masculinos en varias universidades de México reflejan que el alto número de feminicidios ocurridos en la nación azteca tenía su raíz en la cultura machista de los mexicanos.

La premisa del español crispó los ánimos de algunos de los asistentes. La dimensión de tal señalamiento podría convertirse en un búmeran de trágicas consecuencias. La sola idea según la cual todo machista es un criminal en potencia afecta a toda una sociedad. Es un exabrupto asumir que cualquier hombre por el hecho de mostrar conductas machistas (en la mayoría de los casos promovidas por las mujeres en la etapa temprana de crianza de los hijos) puede llegar a ser sospechoso y, por ende, el tipo ideal de crímenes contra mujeres…

Otra de las ponentes, la periodista peruana Norma Chinchilla, realizó su intervención desde una posición más enrevesada:

—En Perú, el machismo es parte del sistema de exclusión social. La mujer es quien encarna la imagen de la pobreza en mi país. Esto no ocurre con los hombres, dado que éstos son vistos como los principales generadores del sustento económico de la familia. El machismo se impone desde una dimensión económica. La mujer es relegada a cumplir principalmente labores domésticas, además de ser la responsable de matizar los efectos de la pobreza en la familia. Esto conduce a un acuerdo tácito que lleva a la mujer a aceptar las condiciones que el hombre le impone… En Perú existe una violencia silente en contra de la mujer, porque muchos hombres se sienten con el derecho de maltratarlas por ser ellos quienes mayormente aportan al hogar. Mientras esto sucede, el Gobierno hace de los derechos de la mujer una parodia electorera.

La explicación ofrecida por la periodista parecía conocida por los participantes. Era, por lo tanto, una realidad transversal, con sus variantes, al resto de los países de América Latina: una sociedad matricentrada en la que el rol de la mujer se ha confinado, históricamente, a los asuntos del hogar. El hombre limita sus funciones a la función de proveedor. A los asistentes tal verdad les aturdía en la conciencia.

Ahora correspondía a la periodista colombiana, Vicki María:

—Estamos hoy aquí para estudiar una categoría tan compleja como lo es el machismo y la incidencia que tiene en nuestros países. El machismo, al igual que toda práctica discriminatoria como el racismo, es una creación de las personas. Sin embargo, para garantizar el rigor científico que esto exige, debemos deslastrarnos de cualquier emocionalidad que incube cualquier posibilidad de confusión al respecto. Esto lo digo recordando a mi profesor de filosofía, Dichetto Vargas, quien me decía que antes de emitir cualquier concepto debemos preocuparnos más por las imágenes que las palabras logran evocar en la mente de las personas con independencia de su significado. Esto evitará que arrojemos por un despeñadero a la noción de machismo que, lejos de invitar a su estudio, produzca una reacción adversa en quienes desean abordarlo, al considerarla semánticamente negativa. En la sociedad colombiana el machismo toma cuerpo, fuerza, poder, por el silencio que existe ante tales actuaciones. En la familia no se habla de ese tema, tampoco en el trabajo, en la escuela, en las universidades. Menos en el aparato público dominado por hombres y, peor aún, tampoco en los medios de comunicación colombianos. La principal tarea es sacar el machismo de la penumbra en la que lo hemos metido, sea por conveniencia o por miedo. Solo así podremos develar todo su entramado. Todo lo cual será posible a partir de una sólida campaña educativa donde participe la escuela, las instituciones, la iglesia, la sociedad y los medios de comunicación. El machismo, mal entendido y asumido no permitirá que las sociedades den soluciones acertadas al problema. Todo lo contrario, será legitimado en el tiempo y espacio con secuelas insospechadas para todos nosotros. De modo que se impone otro paradigma, otra forma de concebir este problema y otra manera de abordarlo…

Los organizadores del evento acogieron las propuestas formuladas por los invitados. Todos coincidieron en la necesidad de seguir profundizando sobre el tema en las próximas actividades.

A su regreso a Colombia, Vicki María se presentó en el diario donde se encontró con la inesperada visita del detective Arauco Peláez. Como buen sabueso, ya sabía dónde se encontraba. Quería conversar con ella. Le manifestó haber visto su desempeño como periodista, al tiempo que le agradecía evitar comentar información que pudiese comprometer los resultados de la investigación sobre la muerte de su padre.

—Si la policía es así de eficiente para dar con la ubicación de las personas, no dudo que lograrán dar con el asesino de mi papá. Aunque en honor a la verdad, no entiendo ¿por qué no lo han logado hasta ahora?

Con esta respuesta se despidió del detective. Imbuido en su visión policial, solo se limitó a marcar su territorio como animal de caza sin advertir que la periodista sería, en adelante, su sombra. Nada evitaría que Vicki María se propusiera escarbar en las profundidades de un sistema corrompido por la impunidad, corrupción e ineptitud.

Tal vez la muerte de su padre no calificaba en la esfera de intereses políticos o económicos. Vicki María era consciente de que en una sociedad altamente polarizada no es difícil encontrar enemigos en cualquier esquina. Más aún si el papel redentor del maestro en naciones altamente desiguales y sometidas a constantes acciones de delincuencia puede ser interpretado como un obstáculo. Significaba que liberar una mente a través de la educación para sustraerla del peligroso mundo de la guerra no dejaba de ser un problema contra los intereses de grupos responsables de alimentar las maquinarias aniquiladoras de personas. Tales grupos estaban esparcidos por toda Colombia y buena parte del Continente americano en su deseo de hacerse del control del litio.

Una vez, el maestro Paíto, en uno de sus discursos en la escuela, preocupado por el alto índice de ausentismo escolar, alertaba sobre la importancia de la educación en la sociedad:

—Cuando prospera la división de los pueblos, prospera el silencio, el miedo, la violencia y con ésta se aviva la muerte. Nadie y mucho menos los políticos pueden eximirse de la responsabilidad que tenemos frente a la depredadora violencia. El único antídoto para este flagelo es la educación liberadora. La opacidad del sistema político había generado a sus propios verdugos, mostrando el fracaso de sus operadores. La dama del birrete era una deformación de este sistema que ya empezaba a resoplar en los oídos de las principales élites políticas de San Jerónimo y del resto del Departamento de Antioquía.

4

Los efectos del CGA no paraban de mostrar su impacto en Latinoamérica. En Colombia, las abundantes lluvias anegaron las calles de las ciudades. San Jerónimo no escapó de tal fenómeno. Los grillos mudaron su cantaleta a otro horizonte, mientras las arrebatadas y azotadoras gotas caían sobre el tejado de la casa de Vicki.

Los agricultores de la zona cafetalera, al norte de San Jerónimo, recibieron con alegría el chaparrón. Esto fue al comienzo de las lluvias. Días atrás habían perdido toda esperanza por la feroz sequía que se había impuesto de la mano del fenómeno *El Chico*. Pasados los días, estaban preocupados, pues ya registraban el equivalente a la cantidad de agua que cae durante un año. La gente del campo encendía velas y elevaba plegarias a la Virgen del Campo. Querían evitar que el agua arrasara con sus cosechas.

Aquella noche, Vicki María no lograba dormir. La lluvia le había espantado el sueño. El ruido de sus pensamientos también. Se acostaba de un lado y, de inmediato se volteaba hacia el otro, buscaba el acomodo necesario para conciliar el sueño. Nada. Se paraba a tomar agua. Leyó un cuento. Prendió la computadora, vio unas noticias, hizo un té. Tales acciones resultaron ineficaces… Fijaba su mirada en el techo como tratando de encontrar alguna pista en él. Concluyó que esa noche no sería acechada por las pesadillas. No vería aquellos seres sin rostro. Tampoco escucharía la risa irónica de aquel hombre de traje negro y cara roída. Haber pasado la noche en vela evitaría ver nuevamente a esa *dama del birrete* que se presentaba con mayor frecuencia en sus pesadillas.

Muy temprano, los primeros rayos de luz se colaban entre las nubes apiñadas, aún cargadas de agua. Indicaban la llegada de un nuevo día. En el diario, Vicki María se propuso dar un nuevo paso en su idílico proyecto de hacer prevalecer la justicia. La imposibilidad de dormir la noche anterior le permitió evaluar sus próximas acciones.

El nuevo tema a desarrollar en su columna le sobrevino sin pedir permiso, al recordar la experiencia de su padre con los niños del campo. El maestro llegó a instalar una regadera en el baño de la escuela para asearlos cada vez que iban a clase y liberarlos de la tierra rojiza que estos traían endosada en su cuerpo. El momento de la ducha se convirtió en una novedad para los infantes, quienes se apilaban en un infinito bochinche, el cual era cortado por Paíto cuando prendía el escandaloso timbre.

La experiencia de la escuela no solo confería a los infantes esperanza de vida. Allí también tenían la oportunidad de vivir su condición de chiquillos. Cuando los niños llegaban a la escuela por primera vez, se comportaban como pequeños adultos. Habían olvidado jugar. Se mostraban temerosos entre sí. Desconfiados. No sonreían. En la medida que pasaban los días y lograban asistir a la escuela, ocurría la magia. Nuevamente aprendían a ser niños. Este era el principal motivo de la lucha de Paíto, además de evitar que las ambiciones de los traficantes de litio les robaran sus sueños, solo posible en la medida que los niños iban a la escuela.

En su acostumbrada reunión del Consejo Editorial del Periódico, Vicki María presentó su nuevo trabajo para la columna *Paradón*.

—Mi nuevo trabajo trata sobre *Los niños de tierra*, así he llamado a los hijos de los campesinos.

Muchos pensaron que el tema se refería a un trabajo de ficción. Sin embargo, Vicki María sabía que de esta manera se introducía en uno de los problemas más candentes de la sociedad colombiana. En Colombia, cientos de familias campesinas han sido testigos de cómo los grupos armados secuestran a sus hijos a cambio de protección al resto de la familia y de un simbólico estipendio. Muchos campesinos, al ver que lo único que les quedaba era la venta de sus ya mermadas fuerzas de trabajo, encontraban en ese tenebroso mercado una nueva forma de paliar el hambre.

Los campesinos sabían que una vez que sus hijos estaban en capacidad de cargar un fusil o de trabajar en las minas de litio en las montañas, eran susceptibles de ser adoptados subrepticiamente por estas mafias. Se sentían como una suerte de ejército de reserva, a la espera de que tomaran de ellos su más preciado tesoro. Algunos, previendo el fatal desenlace, optaban por enviarlos a casa de algún familiar en la Capital.

El caso de las niñas era mucho más grave. Eran vistas por todas estas organizaciones como una mercancía valiosa. Aquellos padres que cedían ante las amenazas terminaban vendiéndolas. Otros, para evitar la desgracia de entregarlas, optaban por sacarlas del país.

Todo eso era parte del contrabando ilegal del litio. Había delincuentes, políticos, militares e inversionistas extranjeros, en su mayoría asiáticos.

Vicki María no solo debió entrevistar a muchas familias. Unas, pese a estar asediadas por el silencio que deja el dolor, contaron la verdad sobre lo que significa la vida en el campo colombiano para los niños de tierra.

En su recorrido por varios sembradíos, fue testigo de la razia que venían ejecutando estos grupos con su política infanticida. Fueron muy pocos los niños que ella logró contabilizar en cada visita. Un aspecto contradictorio y poco común en el campo.

La columna *Paradón* no tardó en alborotar el avispero. Los censores del Gobierno hicieron la visita de rigor en las instalaciones del periódico. El director del diario fue llamado a rendir explicaciones sobre la publicación.

El argumento de los personeros del Gobierno no pudo ser más fútil:

—En el artículo se ventilaron temas muy comprometedores para la Seguridad de la Nación ¡Decir que muchos niños de familias campesinas son llevados a la fuerza para alimentar la maquinaria subversiva en Colombia, no es cierto!

Luego de haber escudriñado por todas las oficinas del diario y de haber entrevistado a la mayoría de los periodistas, admitió:

—Reconocemos que existe una estructura delincuencial que durante los últimos años ha estado captando algunos jóvenes. Este es un tema que estamos investigando para desmantelar esas bandas criminales.

El director del periódico, Justo Prieto, un zorro viejo y hombre de connotada experiencia, solo se limitó a escuchar a los enviados del Gobierno, recordándoles el derecho a la información establecido en la Constitución Política de la República de Colombia.

—Todos los colombianos tienen el derecho de saber realmente lo que está pasando con sus hijos y más precisamente con los hijos de nuestros campesinos. El artículo que hemos publicado ha sido investigado con fuentes confiables, —atinó a decir el Director del periódico.

Mientras el tsunami de cuestionamientos crecía por parte de militares, políticos y algunos sectores de la mala vida, Vicki María decidió enfriar las aguas. Por recomendación de su Jefe, Justo Prieto, visitó a su tía Asunción en Bogotá.

En la capital colombiana fue contactada por el periodista venezolano Américo Mendive, del periódico *El Provinciano*, quien le propuso participar en un evento sobre *Periodismo en tiempos de crisis*, organizado por las oficinas de la Unesco y la Unicef en América Latina. Este evento se realizaría en

Venezuela, en las instalaciones de la Universidad Central de Venezuela.

Su tía Asunción la acompañó hasta el aeropuerto para despedirla. Sabía que esta etapa de convulsión como periodista era inherente a su ejercicio profesional. El periodismo en Colombia era un oficio peligroso. Los sectores involucrados en turbios negocios veían en estos profesionales un potencial enemigo.

La mayor preocupación de Asunción no solo se limitaba a la condición de reportera de su sobrina, sino a la pasión que imprimía a todo cuanto hacía. En ello se parecía a su padre. Uno de los motivos de fondo que lo codujo a la muerte. Asunción sabía que el crimen de su hermano no fue un hecho aislado. Sin embargo, estaba claro que al final la justicia se impondría en contra de sus asesinos.

—Hija, cuídate, mira que tampoco no soportaría que te pasara algo.

Vicki María acostumbraba a viajar llevando algunos libros de cabecera. Nunca abandonaba dos obras de Gabriel García Márquez: *El coronel no tiene quien le escriba,* y *El amor en los tiempos del cólera.* Esta última la leyó con su padre. La consideraba una de las mejores obras de Gabo, aunque fue el mismo autor quien llegó a calificar *El coronel no tiene quien les escriba* como la mejor de todas sus obras.

A su arribo a Caracas, la capital de Venezuela, fue recibida por una representación del Colegio de Periodistas y por su amigo Américo Mendive, quien estudió con ella el Doctorado en Comunicación en la Universidad Externado de Colombia. La llevaron a la Escuela de Comunicación Social de la Universidad Central de Venezuela, donde compartió algunas impresiones sobre el periodismo. Finalmente, se hospedó en el hotel Savoy Ilusión. Del itinerario se encargó su amigo.

Para la periodista, la UCV tenía un valor especial, era una Universidad calificada por la Unesco como patrimonio de la Humanidad. Este atributo no es usual para una institución de educación superior de carácter público en su país:

—En Colombia contamos con declaratorias de patrimonio de la Humanidad en parques naturales, ciudades y paisajes culturales. Pero ninguna Universidad allá cuenta con una declaratoria de este tipo. Todavía nos falta seguir trabajando por este reconocimiento.

En el evento lo que más llamó la atención a la periodista fue el escaso número de medios privados presentes ese día. La mayoría de los medios, así como periodistas, estaban adscritos a instancias del Gobierno.

«Este monopolio de los medios a favor del Gobierno es un flanco débil a la libertad de prensa y objetividad en Venezuela. Así una sociedad no podrá alcanzar resultados favorables», —pensó Vicki—

El día que se realizaba el evento, también se desarrollaba un Foro denominado: *Cambio Climático, Sostenibilidad Alimentaria y Desarrollo Sustentable en el Siglo XXI.* Sin embargo, todos pudieron ver con sentimiento de preocupación y angustia que los únicos asistentes eran los ponentes. Esto demostró que el cerco informativo contra el informe que se filtró en los Estados Unidos sobre los efectos del Calentamiento Global Agudo (CGA) durante el Siglo XXI, había cumplido su cometido, principalmente en países cuya industria de los hidrocarburos era en parte responsable de la lluvia ácida. Tal ausencia significaba un triunfo para los grupos que estaban detrás de la explotación del litio.

En el evento sobre Comunicación, al presentar su ponencia sobre *La crisis del espíritu en el ejercicio profesional del periodismo,* Américo Mendive manifestó:

—Una vez leí al Filósofo Paul Válery, quien decía que la dialéctica que mueve al espíritu lo lleva a enfrentarse con su opuesto: presente-pasado, posible con lo real, imágenes con hechos… ¿Cómo no hablar de *crisis del espíritu* en el ejercicio del periodismo en este Continente? hoy podemos ver que la mayoría de los colegas aquí presentes son parte del aparato público, al igual que los medios que representan. El mismo aparato que les niega la libertad y acentúa... —se escuchó un ruido estruendoso que interrumpió la participación del conferencista—... el ejercicio de esa fuerza transformadora que por naturaleza posee el periodismo y, por el contrario, hoy es…—de nuevo se produjo un feedback insoportable—…

Mendive no pudo culminar su participación. No solo fueron los constantes saboteos para interrumpir su alocución en la propia casa que vence las sombras. Además, la sombra se explayó por más de una hora, pues el servicio eléctrico dejó de funcionar.

Los participantes destinaron el receso para intercambiar información y conocerse aún más. La intervención de Mendive le había valido para convertirse en el centro de la *comidilla*, más cuando se encontraba acompañado por la periodista colombiana, cuyas referencias, extrañamente, resultaron del conocimiento público de los presentes.

Luego correspondió la participación de los periodistas afines al Gobierno. En esta ocasión *la casa que vence las sombras* no logró vencerlas… Estas ponencias fueron presentadas sin interrupción alguna, ni de sonido, ni del servicio de electricidad, pues ya estaban dispuestas un par de plantas eléctricas de fabricación china que habían salido no se sabe de dónde. Las intervenciones estuvieron plagadas de lugares comunes, a ratos alabanzas, frases panfletarias que no reflejaban la realidad comunicacional del país. Uno de los periodistas llegó a decir que «Orwell se habría dado un banquete con elementos de la realidad venezolana en su novela *1984* para caracterizar a la sociedad de Oceanía con todo y su división de clases».

Al final, se evidenció que los medios del país habían hecho una réplica del Ministerio de la Verdad de la novela 1984, de Orwell; que existía una sobresaturación de un mismo tipo de mensaje y que debían pasar muchas décadas para que el pueblo llegara a otro estado de consciencia.

Una hora después de lo pautado se realizó la exposición de la periodista Vicki María:

—Debo disculparme por reducir parte del contenido de mi ponencia. Creo que es oportuno aclarar que luego de escuchar lo señalado por el colega Mendive, me obliga a tomar de mi escrito solo lo referente a la crisis. Debo decirles que en Colombia esta crisis fue impuesta a través del miedo y desde un sistema donde se soportan las mafias y los grupos que controlan el negocio del litio. El asunto no es hablar del periodismo en tiempos de crisis. Debemos replantear el tema y analizar cómo la crisis inducida por un sistema ha intentado confinar el ejercicio del periodismo. Son los modelos autoritarios los que han generado la crisis comunicacional. Esto hay que vencerlo. De lo contrario los vencidos seremos nosotros como sociedad.

Los aplausos no se hicieron esperar. La gente se levantó de sus puestos, viendo a Vicki con especial regocijo. El evento concluyó dejando una estela de dudas y algunas pocas convicciones. Desde las filas del Gobierno se percibía una atmósfera densa, pues todo cuanto es contrario al discurso oficial les parecía que atentaba con la estabilidad del sistema.

Las acciones no tardaron en manifestarse: unos encapuchados ingresaron por la puerta principal a la Universidad. Desde luego causaron pánico, pero no fue mayor que el desconcierto. A los periodistas extranjeros los habían sacado por el Estadio Olímpico de la Universidad, desde donde tomaron unos taxis y se fueron. Nadie esperaba esa jugada de parte de los organizadores del evento. Pero la mente de Américo Mendive, bajo presión, funcionaba como Sun Tzu en el Arte de la Guerra.

A su regreso a Colombia Vicki María se encontraba en el aeropuerto. El inspector la conminó para que lo acompañara. Su presencia era requerida en la Comandancia General:

—Una forma muy sutil de decirme que estoy arrestada, Inspector

—Solo debe acompañarme. Recuerde que usted es parte en las investigaciones sobre un crimen.

Al salir del área de desembarque del aeropuerto, la periodista vio al inspector reunido con tres sujetos de gafas negras y trajes oscuros, quienes se despidieron del oficial luego de avistar a la mujer. Este hecho la puso en alerta.

—Inspector, si me permite, tengo ganas urgentes de ir al baño. Acabo de bajar de un avión.

Vicki María aprovechó el instante que le concedió el policía para ingresar al baño. Allí se topó con una dama. La señora se disponía a realizar un forzado ejercicio de cosmética en su agotado rostro. Las alhajas guindaban de su cuello tal como se dejan ver en un pavo. Su sonrisa no incitaba deseo alguno, menos al fortachón que momentos antes había dejado en la entrada del baño, ilusionado por el amarillo oro que la septuagenaria llevaba en su cuello, en sus manos amorfas y en sus orejas rasgadas. Esa dama fue la única alternativa que encontró a la mano la reportera para enterar al Jefe de lo que pasaba:

—Señora, disculpe, acabo de bajar del avión donde creo hemos coincidido en el viaje desde Venezuela. Mi móvil se descargó y requiero con urgencia realizar una llamada. Soy periodista y mi jefe necesita contactarme.

—No hay problema. Haga su llamada, —respondió la dama mientras trataba de lograr el milagro en su rostro.

La periodista marcó el número de Américo Mendive, quien momentos antes la había dejado en el aeropuerto de Maiquetía en Venezuela.

—Hola Américo, estoy en Bogotá. Un policía de la comisaría de San Jerónimo vino hasta Bogotá para informarme que debo acompañarle por las averiguaciones sobre la muerte de mi padre. Te llamo para que sepas que las cosas no están muy claras y tomes algunas previsiones.

—Entiendo. Anoche estuve leyendo tu investigación sobre los niños de tierra y los seres sin rostro que están detrás de este drama. Los comparé con mi país y debo decirte que hace rato en Venezuela existen estos personajes que muy bien recreaste. A veces siento que nuestros países están hermanados por una historia de impunidad. Hace más de una hora me vienen siguiendo desde el Aeropuerto. No dudo que sean ellos…

La llamada se cortó abruptamente.

La respuesta de Américo generó gran preocupación en la periodista. Por el momento, solo quedaba acompañar al policía ante su desconcertante requerimiento.

5

En la Comandancia, la periodista fue conducida por el policía hasta su oficina. El funcionario le extendió una silla. Con gentileza la invitó a sentarse. Un gesto simpático y atípico de aquel hombre. Arauco Peláez no era una persona de confiar. Eso lo sabía Vicki. Sus diez años dentro de la policía, regodeándose con ese submundo criminal, sembraron en él centenares de espinas, siempre prestas a infligir dolor.

Vicki sentía un calor asfixiante. En su cuerpo se había acumulado un estado de tensión que le hacía pesada la respiración. Nunca se había desmayado y no debía ser este el momento para sucumbir. Cuando creía arrebatadas sus fuerzas, unas palabras del policía le dieron nuevo aliento:

—Yo también conocí a su padre, el maestro Paíto. Viene a mi memoria cuando nos bañaba con la manguera en el patio de la escuela. También recuerdo que tu papá se empecinaba conmigo porque yo siempre era el último a la hora del aseo. No me gustaba bañarme. Tal vez no me recuerdas porque nunca di mi verdadero nombre. Me conocieron como Chicho Peláez.

—Han pasado muchos años desde mi paso por la escuela. Con la muerte de mi padre apenas logré asirme a algunos recuerdos. En realidad no logro recordar tu rostro.

—Tu padre no supo que mi silencio y el hecho de ocultar mi verdadera identidad me permitía sobrevivir en la escuela, igual que otros niños. Nuestras familias se mantuvieron huyendo de los conflictos en las montañas. Mi madre y yo debimos huir a la capital para poder vivir sin los sobresaltos de los señores de la mafia. Allí, en la montaña, quedó sembrado mi padre, sorprendido por un disparo de uno de los sicarios que trabajaba para las mafias. Yo era un adolescente.

Vicki María nunca se imaginó que aquel prepotente personaje fuese uno de esos niños de tierra que la inspiraron en su reciente artículo y, sobre el cual, se había levantado un ventarrón tanto en el país como fuera de sus fronteras. Estaba consternada. Hacía tiempo que no encontraba a alguien que le vinculara con la pasión de su padre.

—Sé que no se esperaba esta confesión, pero debo hacerlo, porque su deseo de hacer justicia la está llevando a transitar por caminos muy intrincados. Debo alertarle. No puede estar diciendo por allí tantas palabrerías contraproducentes para usted. Ellos están en todas partes. Tienen ojos por todos lados. No los tiente señorita. Déjenos hacer nuestro trabajo en paz. Cualquier información que posea sobre el crimen de su padre, háganosla llegar.

Los comentarios del policía permitieron revelar que el sistema de justicia en Colombia estaba lleno de mierda más allá de la coronilla… Paíto no se había intimidado al ver cómo los hijos de los campesinos eran devorados por la maquinaria del terror que producía la guerra del litio en su país. Tampoco había sucumbido ante las amenazas que a diario recibía por ejercer su papel de maestro. A él le enviaban mensajes plagados de rabia. Los niños eran el medio a través del cual le llegaban. Paíto era, sin duda, una amenaza para esa industria.

El alma de Paíto era consumida. Se sentía impotente. Había estudiado Educación para lograr transformaciones en la gente. Para contribuir con su emancipación. Sus convicciones se desmoronaban, pues chocaban con los intereses de unos pocos. Todo esto sumergió a Vicki María en una solo idea: ¿Hasta qué punto la muerte de su madre no terminaría siendo parte de ese libreto de horror que impusieron a la familia Suárez como mecanismo de persuasión para silenciar definitivamente la trama de corrupción de la cual ya estaba al tanto su madre? ¿Hasta qué punto esos seres sin rostro, fascinados por todo lo que su *modo vivendi* ha esculpido en ellos, estaban comprometidos con ese inescrupuloso hábitat donde se teje la muerte, amparados en la fingida prestancia que les ofrece el poder? ¿Hasta qué punto la aparición de esa dama del birrete no era resultado del hediondo sistema de impunidad creado por un sector en Colombia?

Los brutales crímenes ejecutados por la dama del birrete en contra de algunos corruptos, no solo habían generado un estado de terror en algunos representantes de las élites políticas. También había servido a la periodista

Vicki María para avanzar en su proyecto al encontrar algunas voluntades dispuestas a colaborar con ella. Lo que le permitía aproximar, cada vez más, a estos personajes del mal a la luz. Cada noticia, cada trabajo periodístico, afectaba al submundo de los infiernos terrenales. Y no había algo más efectivo para hacer enojar al diablo que develar sus trampas.

Vicki sabía que el piso por donde pasaba estaba minado. Igual de convencida estaba de que no era momento para vacilar. Le quedaba como jugada seguir jurungando la llaga de un sistema, del cual una de sus partes acababa de hacer revelaciones. Esa porción mantenía su espíritu afiebrado y en un pugilato interno frente a lo que otros llamaban justicia. No podía permitirse que ese camino recorrido por la dama del birrete en la consecución de un fin que, al parecer era la justicia, por muy necesario que algunos lo consideraran, se impusiera. De ser así, todo estaría perdido. «No podemos hacer de la justicia un revólver», llegó a pensar la joven mujer, al tiempo que decidió que este sería el título de uno de sus trabajos.

Aquella tarde las golondrinas en bandadas oscurecieron el cielo, mientras un colchón de nubes grises se apretujaba anunciado irreversibles tormentas. Vicki María estaba sentada frente a su PC en la oficina, conectada con un mundo globalizado. Se enteró que el periodista venezolano Hugo Mendive llevaba varios días desaparecido. De inmediato retornaron a su memoria las palabras de Arauco Peláez: «¡ellos están en todas partes. Saben todo…!»

En el diario, Vicki María se encontraba absorta por la reciente noticia sobre su colega venezolano. Tomó algunas previsiones al sentir que el propio periódico no estaba libre del ojo panóptico de aquellos sujetos. El director del diario la llamó personalmente y le entregó dos paquetes que le fueron enviados desde Venezuela.

—Nos llegaron ayer. Ya los mandé a revisar. Están bien. Espero que sean buenas noticias. Creo que están vinculados con el reciente evento internacional donde nos representante. Sé que no te imaginabas lo rápido que iban a ocurrir las cosas, pero lo importante es que haz sabido manejarlas. Mantente así.

A la mañana siguiente, los coordinadores de sección se habían congregado en la mesa de redacción a fin de suministrar sus trabajos para la nueva edición del día. Justo le devolvió a Vicki su nuevo artículo para la columna.

—Muchachos, les informo que nuestra periodista Vicki tiene una nueva incursión en su columna con su artículo *Réquiem del Estado profundo*, que seguramente hará llover en San Jerónimo y en otras partes del país.

Su nuevo artículo había sido resultado de la detallada información que el periodista venezolano, Américo Mendive, le envió días antes de su desaparición. Allí revelaban una investigación sobre cómo varios gobiernos de América Latina habían configurado un Estado profundo, en tanto se dedicaron a construir un sistema subrepticio de control de las instituciones desde el Ejecutivo que les permitía evadir las garantías que las leyes conceden en favor de los particulares. Se imponía una grosera anarquía donde los órganos del poder público del Estado X, Y o Z actuaban atendiendo los lineamientos que les dictaba el poder central, a través de actos administrativos de rango inferior a las leyes, violando las Constituciones. Era la instauración del terrorismo de Estado cobijado de seudo-legalidad.

El Estado profundo había sido definido por Vicki como un palimpsesto político en el cual un Estado subyace dentro de otro. Concentra poder. Está detrás del Estado fachada. Lo ejerce una élite. No existe Estado de Derecho. Como resultado es inexistente el imperio de las leyes que garantice la preminencia de la justicia. En la cotidianidad, el terrorismo de Estado se pone de manifiesto a través de la sobre dosis de miedo que inyecta en los ciudadanos, mediante el papel efectivo que cumple el aparato policial. La judicialización de la vida civil es el otro componente de esta fórmula.

Vicki María pasó por la tienda para comprar algunos insumos. Hacía rato que no cambiaba el rumbo de su dieta. La nevera le reclamaba algo más de proteínas, frutas y verduras, mientras en la cocina no había más espacio para los alimentos enlatados.

Durante los últimos días, a causa de su trabajo hasta altas horas de la noche, se habituó a la comida rápida de restaurantes que era llevada a su casa. Y ya estaba cansada de este tipo de alimentación. Todos los días recordaba con ansias la sopa de verduras de la tía Asunción que acostumbraba a preparar los mediodías.

A partir de los últimos sucesos, Vicki María se había convertido en una mujer difícil de descifrar. Las rutinas ya no eran parte de su naturaleza. Siempre estaba agregando un hecho diferente a su dinámica. Alimentaba su intelecto. Leía y visitaba museos. Pero no acostumbraba a visitar el mismo sitio dos veces. El domingo, luego de salir de la misa del día de Periodista, la invitaron a un café muy concurrido por los profesionales de la comunicación. Coincidencialmente lo había visitado el día anterior.

De esa tarde solo recuerda haber visto la cara de un mesero que la auxilió cuando en medio de la reunión se desmayó. En el hospital se le practicó un estricto lavado estomacal. Fue sometida a un proceso de desintoxicación. Le suministraron unos sueros que debieron ser traídos por avión desde la capital. Había sido envenenada por un agente extraño que le suministraron en el café.

No habían transcurrido más de cinco horas de haberse publicado su artículo *Réquiem de un Estado Profundo* en su columna *Paradón*, cuando el piso de los seres sin rostro comenzaba a resquebrajarse abruptamente como efecto de las palabras de la periodista. Ordenaron su desaparición…

6

Todo indicaba que los señores del litio estaban dispuestos a sumergir a San Jerónimo en una espiral de violencia. Era viernes. No había restos de paz. Una vez más los ciudadanos fueron sorprendidos por la noticia de la muerte de una reportera cuyo cadáver fue hallado mutilado en un vehículo aparcado en la carrera once. De inmediato, los curiosos que se congregaron en el lugar pensaron que el cuerpo encontrado pertenecía a la periodista Vicki María Suárez. La información corrió por la ciudad. Los medios de comunicación fueron víctimas del hermético cerco que inmediatamente cubrió el crimen. La noticia llegó al alto Gobierno. El propio ministro de Comunicación desconocía a ciencia cierta lo ocurrido. A petición del Primer Mandatario de Colombia, el ministro Héctor Cardón Silva se hizo cargo de las averiguaciones, quien a su vez solicitó al gobernador del Departamento de Antioquía que fuese el órgano encargado en la región de centralizar la información.

Al conocer la noticia, Gumersindo Azafrán y su esposa, Euristeres del Carmen, estuvieron intentando localizar a la hija del difunto Paíto. Fue infructuoso. Tocaron la puerta de la casa de la periodista y nadie respondía. Intentaron contactarla telefónicamente y no fue posible. Solo lograban escuchar en la distancia el ahogado repique del teléfono móvil de Vicki. Ante tal desconcierto, les quedaba resignarse frente a la trágica noticia y acudir a la morgue al día siguiente para identificar el cadáver de la infortunada reportera.

El gobernador del Departamento de Antioquía, a partir de la encomienda del Ministro, fue el primer político en presentar sus condolencias a los familiares de la víctima. Con la premura del caso, envió sendas coronas a la funeraria donde reposaba el cuerpo de la periodista. También preparó un muy sentido discurso, como si fuese la ocasión para iniciar su campaña a la presidencia en aquel sombrío lugar. Mal presagio para sus aspiraciones. Fue una acción desatinada del gobernador Galaviz García de la Fogonera, pues resultó que la muerta no era Vicki María Suárez, sino una periodista de nombre Rusmeyda Granado, del diario *El Espectador* de Colombia. Había sido asesinada en otro Departamento y su cuerpo luego fue trasladado a San Jerónimo.

El gobernador Galaviz García no se detuvo al frente de la difunta. Ni siquiera se atrevió a alzar la mirada para ver de quién era el cuerpo, solo se limitó a mostrar sus infelices dotes de encantador de serpientes. Ofreció a los presentes un abreboca de su primer discurso para la campaña presidencial. Mandó a retirar las cintas de ambas coronas, escritas en letras góticas y bañadas en escarcha doradas con los colores de la bandera de Colombia y con el nombre de Vicki María Suárez. Al retirarse de la funeraria alcanzó a sacar de su bolsillo unos cuantos pesos que lanzó a los presentes diciendo:

—¡Ahí les dejo esas bonitas coronas de mi parte, el próximo Presidente! ¡Pónganles el nombre de la verdadera difunta, que le va mejor!

De inmediato, el Gobernador se montó en su limusina marca Hummer, negra, blindada por las cuatro esquinas. La puerta la abrió uno de sus escoltas. Otro, adentro, secó su frente y su rostro en general. Un tercero echaba alcohol en sus manos. Y el cuarto de sus hombres le servía un wisky 21 años a las rocas. Fue escoltado por una decena de vehículos que le resguardaban en medio de una infinita caravana. Todos partieron a su Despacho.

La noche anterior, la tía Asunción había contratado los servicios de una ambulancia para que trasladaran a Vicki a la ciudad de Bogotá, donde cumpliría el reposo para su definitiva recuperación, luego de salir del hospital tras el envenenamiento.

El periodista Justo Prieto visitó a Vicki María en Bogotá. Había sido él quien convenció a la periodista de poner algo de distancia en su etapa de reposo.

—¡Seguimos duro, Vicki…!

Con esas palabras, el visitante transmitía su reconocimiento a la convaleciente periodista. Un gesto de admiración de un profesional de trayectoria hacia una talentosa reportera que en poco tiempo había zanjado un espacio en la comunicación escrita en su país. Esto le hizo pensar en el impetuoso y talentoso Gabo, quien también fue incomprendido por ese sector de la sociedad, acostumbrado a emborrachar al pueblo de miseria y dolor, mientras el silencio los postraba en el olvido.

Vicki María, con los ojos llenos de lágrimas, se alegró al ver a Justo, el hombre de pocas palabras y profunda experiencia.

—Estuve leyendo nuevamente a Gabo. Debo reconocer que era un visionario de la escritura. Su obra *Crónica de una muerte anunciada* aún tiene vigencia en esta sociedad, y no es que lo mío tenga relación con eso. Al contrario, la leí desde el papel de pueblo, del común de la gente, y siento que he aprendido algo nuevo.

—No dudo que Gabo siempre nos enseña algo nuevo cada vez que lo leemos. Allí está la grandeza de ese escritor: ha hecho que su obra sobreviva al tiempo.

—Lo que más me ha gustado de estar aquí, junto a mi segunda madre, ha sido que puedo comer la rica sopa de verduras. Debo reconocer que la fuerza de las palabras en mi cabeza me tienta. Quieren vaciarse desesperadamente sobre el papel.

—Te he traído algunos documentos que son parte de tu reciente columna para que los tengas a tu lado. No te ocupes por ahora de tu trabajo. Decidí que una vez te restablezcas nos enviarás los artículos desde Bogotá. No hay problema.

El periodista Justo Prieto se despidió de Vicki dejando a la joven en compañía de sus recuerdos. Le era imposible acostumbrarse de nuevo al silencio de la casa de su tía, quien momentos antes había salido para dejarla conversar con su amigo. Como siguiendo un instinto, fue hasta el cuarto de Asunción, donde Vicki encontró las hojas que habían rasgado de la agenda de su padre. Las reconoció por la letra del maestro Paíto. No entendía por qué motivo estaban en manos de su tía. En ellas había una lista detallada de nombres de personas que lo estuvieron amenazando para que cerrara la escuela, ya que necesitaban que los muchachos se mantuvieran en las minas o trabajando para ellos en sus negocios. La periodista se sorprendió al ver que la mayoría de las personas señaladas habían sido ejecutadas por la dama del birrete. Solo faltaban dos por ser eliminados de la faz de la Tierra. El penúltimo era el médico forense que firmó la autopsia del maestro alegando que murió producto de un paro respiratorio. Ya el galeno había escondido los tres proyectiles que luego entregó personalmente a Galaviz García. El último de la lista era el propio Alcalde Galaviz, actual Gobernador del Departamento de Antioquía.

Esa información debió ser utilizada por la policía para esclarecer el caso. Pero no fue así. El poder de las personalidades comprometidas impidió que el fin supremo de la justicia alcanzara su cometido. Ahora todos avanzaban hacia el madero para su ejecución, empujados por la furia de la daga asesina de la dama del birrete. Vicki María se resistía a aceptarlo. Asunción pasaba de un evanescente anonimato a estar más presente que nunca en los pensamientos de la joven mujer. Hacía tiempo, la tía de Vicki expiaba a San Jerónimo de aquellas almas malditas que se habían encargado de sembrar el terror en esa apacible localidad.

Al escuchar que se abrió la puerta de la casa, Vicki tomó la última hoja, donde aparecían los nombres del médico Forense, Emérito Zacarías y de Galaviz. La guardó en el bolsillo del pantalón y se fue a la habitación.

—¿Ya se fue Justo?, —preguntó Asunción—.

—Así es. Mañana debo regresara a San Jerónimo —

La periodista sentía impotencia al ver cómo la vorágine de la violencia en San Jerónimo, así como la impunidad, había dañado el alma del último ser de su familia que tanto amaba. No solo asesinaron a sus padres, sino que la fuerza del dolor y la impotencia habían convertido a Asunción en una asesina en serie. Echó una vaharada de cierta decepción que le incendió la cara. Más aun, la existencia. No por la tía, sino por todo lo que la había llevado al puerto de la venganza.

La nueva noticia era peor que un dardo envenenado que apunta con precisión al corazón. No solo estaba obligada a detener tal carnicería. También debía encontrar una fórmula que permitiera que prevaleciera la justicia y que su familia no se viera enlodada.

Como desahogo frente al reto que les esperaba, Vicki decidió escribir sus primeros cuentos. Un desiderátum que la ayudó a evadir la frustración y a impedir que su mente fuese mancillada por las pesadillas que habían retornado. Decidió escribir el cuento *El pescador de sueños*:

El pescador de sueños

Noel se aventuró muy temprano. Se lanzó al mar en su barcaza de bambúes llevando sus pesadas redes y algunas hogazas de pan para el almuerzo. Al llegar al punto donde acostumbraba a pescar, con su canto marino, extendió una especie de sábana de nylon ensopada que el viento invitaba a ondear sobre aquellas aguas, a ratos, solo a ratos, serenas.

La oscuridad de la noche aún estaba firme y, aun así, empezaba a mostrar los primeros destellos de luz que la atravesaban como flechas luminosas. De esta forma espantaba la oscuridad plena, mientras el alba se abría paso. Había pasado algún tiempo cuando Noel decidió recoger la red. Al comenzar a halarla sintió un peso extraordinario, insuperable para su enclenque cuerpo. Insistió y advirtió que la carga se iba relajando progresivamente. En la medida que los cabos de la red aparecían en la barcaza la sintió más liviana. Al final, ya cuando en la superficie estaba la totalidad de la red, se asombró al ver que solo había un pez de color blanco:«¿Cómo es posible que solo un pez me haya dado tanto trabajo? »

El pescador no se imaginaba lo lejos que estaba de comprender el significado de aquella captura. Solo pocos se habían topado con almas cautivas en las profundidades del mar, y al igual que los barcos hundidos, estas hacían de aquel infierno su última morada, excepto cuando eran liberadas por la red de un hombre de corazón puro.

Noel volvía a lanzar la red, una y otra vez. El resultado se tornaba infructuoso nuevamente. Decidió desistir. A pesar de ser un solo pez lo que le proveyó el mar durante la ardua faena, el ejemplar era de regular tamaño. Al llegar a su casa se dispuso a limpiarlo, intentó abrirlo con una navaja y se percató de que el pez aún estaba vivo. De las entrañas del extraño animal blanquecino se dejó escuchar una voz:

—No me comas ni cortes mi carne. Verás que soy un frágil recipiente donde una vez me depositaron un alma. Nada bueno tendría este pobre espíritu por haber sido confinado a las profundidades de un mar donde ni la luz alcanza a existir… Si comes mi carne te harás parte de las truculentas pesadillas de quien fuera en vida el dueño de esta alma que encallará para toda la vida, igual que una vez lo hizo conmigo. Recuerda: muchas de estas almas poseen sentimientos indescifrables.

Noel observaba que la piel del pez se tornaba con un aspecto gris oscuro, manchada de verde y amarillo. De esta forma le resultaba imposible su ingestión. De inmediato la voz cesó.

Hay ocasiones donde las almas se corrompen. Hacen que las personas ejecuten acciones encarnizadas en contra de su prójimo. Solo queda echarlas a las profundidades del mar liberando a la Humanidad de tal naturaleza.

En los días sucesivos el pescador volvió a lanzar su red en aquel lugar. Siempre ocurría lo mismo. Solo traía un pez en cada jornada. Agotado por los constantes fracasos en su propósito, regresó al puerto donde vio un anuncio de la Reina. Decía que premiaría al pescador que llevara el pez más hermoso y de mayor tamaño para posar en la mesa del palacio durante la cena de Navidad. Noel se llenó de ilusión. Pero pensó que tenía pocas posibilidades. Sus últimas capturas de peces, tal vez, no llenarían las expectativas de la Reina Sofía.

Al llegar a la casa se preguntaba: «¿cómo puedo aspirar competir si mi malaya red se ha empecinado en sacar a estos inútiles peces, bóvedas de sueños de espíritus malignos, cuya carne tampoco puede ser comida, a menos que quien lo haga esté dispuesto a asumir las consecuencias?»

Esa noche, los sueños de Adina, su última novia, se volcaron en su mente como una tormenta. El pescador se mantuvo toda la noche en vilo. La sentía en su piel. Experimentó la misma sensación de su trágica y anticipada muerte cuando se ahogó en el mar durante aquella tormenta junto a su padre, también pescador. Nunca se perdonó esa muerte. Cree que debió ser él quien debió acompañar al viejo Filipo, su suegro, aquel día frío, lleno de tormenta. Su princesa, como le decía, también pudiera ser presa de alguno de esos peces que vagaban por el mar a la espera de ser liberada y así renacer en una nueva persona. Su novia había sido una mujer de alma buena. Haberse hecho de estos seres marinos era cosa de un error del destino.

Noel había perdido la cuenta de las almas salvadas a través de su pesca cuando buscaba a su Princesa cautiva en uno de los seres marinos. Su acción resultaba infructuosa. Estaba claro que construía una nueva realidad, dotada de otros seres. En ocasiones, cuando regresaba de pescar, sentía que lo observaban. Había personas que le resultaban extrañas.

«Un forastero más que cree conocerme», solía decir cada vez que veía un rostro desconocido que al parecer buscaba congraciarse con él.

Noel nunca se imaginó que, tal vez, muchos de estos nuevos visitantes eran parte de alguna de las almas que momentos antes acababa de liberar con su red…Su mala fortuna en la pesca y el desespero por encontrar alguna salida a su vida le hizo preguntarse: «¿Cómo hago para encontrar, entre tantos peces del mar, el que contiene el alma y sueños de mi Adina? »

El joven pescador partió al mar convencido de que podría dar con el pez que contenía el alma de su ansiada novia. De ser así, no dudaría en presentarlo a la reina para concursar. Estaba seguro que si la reina consumía la carne del pez, Adina tomaría el cuerpo de la soberana, lo cual le llevaría a ser el Rey, junto a su amada.

Al llegar al punto de pesca, lanzó una y otra vez la pesada red. Sus manos estaban ensangrentadas por el feroz nylon y las pesas de plomo que llevaba la red. Sin más fuerzas lanzó la red en un último intento. En esta ocasión decidió esperar más tiempo de lo acostumbrado. El sol ya despuntaba en el horizonte para abrirse paso en la mañana, mientras la brisa cargada de salitre empezaba a sellar sus cicatrices en la piel del pescador…

Ahora sentía que la red se tensó con un peso extraordinario. Su emoción no tardaría en aparecer. Empleando sus últimas reservas de energía sacó la red del mar. La subió a la barca. Revisó aquel entramado de hilos. Supo de inmediato que era su princesa: su pequeña mirada estaba dilatada en aquel hermoso pez. Su corazón estaba convencido que había rescatado el alma de su amada.

Al llegar a su casa colocó el pescado sobre la mesa. Lo vistió de suficiente sal para que se conservara. Pidió ayuda a Juan, el zapatero, para llevarlo al Palacio. Todos estaban asombrados por la envergadura de aquel pescado. A su llegada, fue recibido por la Reina, quien estuvo maravillada con el pez.

Al siguiente día el humilde pescador fue solicitado en su casa por los soldados del Palacio a petición de la Reina. Noel, asustado, se preguntó: «¿será que el pescado le hizo daño a la Reina?»

Llegó al Palacio. Y a partir de ese momento no se supo nunca más del pescador. Su vida cambió. La Reina se casó con él. Días antes, el Rey anterior había fallecido bajo circunstancias extrañas. De inmediato la Reina llamó al pescador a su aposento, se despojó de su ropa, dejó ver su escamoso cuerpo y le dijo al humilde hombre:

—No bastó con lo que le sucedió a Adina por andar metida en ese asunto de liberar almas buenas junto a su padre. Ahora tú también te has propuesto seguir liberando esas penosas almas. Tu castigo será vivir en las profundidades del mar. Recuerda: no solo el hombre es malo por naturaleza, el mundo es de los malvados. No vamos a permitir que nadie se oponga a nuestro propósito de hacernos de todo.

La reina ordenó a los soldados que colocaran al pescador, ahora Rey, en una jaula y lo lanzaran a las profundidades del mar. Nunca más se supo de él.

En el cuento la imagen del pescador en la jaula representaba el miedo que experimenta quien injustamente debe asumir una confinación y un forzado silencio fúnebres… Muchos minerales, el agua, los alimentos y el oxígeno empezaban a mostrar signos de la escasez como producto de la contaminación generada por la explotación del litio. Las personas debían portar máscaras en las calles. Todos los días. Y cerrar las ventanas. Adquirían plantas para producir oxígeno. De lo contrario, la gente tenía la sensación que los ahogaban. No encontraban oxígeno para poder respirar. De modo que el negocio de la venta de cilindros de oxígeno portátiles no se hizo esperar. Las llevaban en su espalda. Era su garantía para vivir. Se volvió el objeto más robado, debido a la escasez. La vida de la Humanidad entera estaba en peligro de fenecer… Las élites ya habían diseñado sus maquinarias para protegerse de lo que sobrevendría.

El futuro para la mayoría de los habitantes de la Tierra estaba predestinado.

Naciones altamente pobres no tenían la posibilidad de mostrar a su descendencia nuevos caminos.

Las élites ricas del mundo, representadas por siete apellidos, destinaron grandes fortunas para ser de parte del experimento de la NASA EU- 2035. El propósito consistía en llevar los primeros colonos al Exoplaneta Cronos K-21. Los estudios revelaron que se trataba de otro planeta similar a la Tierra con altas posibilidades de colonización y establecimiento de seres humanos. Pero no de cualquier ser humano.

Tal vez muchos Gobiernos no se imaginaron que la vida en la Tierra no era un regalo dado a los seres humanos de manera gratuita. Quizás, esa falsa percepción fue lo que llevó a la Humanidad a destruir la Tierra, cuya hecatombe también sirvió para forjar las fortunas de los amos de la economía global.

Esa realidad fue expuesta en uno de los artículos de Vicki. Empezaba así: "América Latina sigue con su dedo en el gatillo apuntando a la especie humana. La corrupción, irresponsabilidad y vanidad de muchos Gobiernos en este Continente son parte del mal, amparado en un maniqueísmo ideológico. Todo lo cual ahora explica por qué naciones que en el pasado se jactaban de poseer imponentes riquezas en minerales, en petróleo, litio, hierro, uranio, oro, cobre, bauxita, coltán… se atrincheraron en razones ideológicas para galvanizar irresponsablemente el ambiente. Y expropiaron a la Humanidad de los recursos que solo eran de la naturaleza, bajo la excusa que nadie podía ejercer sobre ellos control alguno. Para el logro de sus fines contaron con la complicidad de poderosos grupos económicos y con la hipocresía de los Gobiernos. Esto les permitió ejecutar un modelo económico principalmente de tipo extractivo que fue peor o tan dañino como el desarrollado por la industria china y el resto de las naciones asiáticas…". Vicki había pensado en el siguiente título: *¿Quiénes se ocupan de acabar con la vida en el Planeta … y en Colombia?*

Mientras los ricos pagaban costosos boletos para viajar al Exoplaneta Cronos-21 en algunas de las naves dispuestas por la NASA EU- 2035, los pobres estaban en dificultad hasta para llevarse un mendrugo a la boca. Incluso para conseguir agua potable en la Tierra. Una realidad que parecía no encontrar fin en la sociedad colombiana. Los hombres sin rostro eran responsables de haber llevado a la esclavitud a centenares de niños colombianos para trabajar en sus minas, donde explotaban ilegalmente el litio, al tiempo que contaminaban millones de hectáreas de tierra virgen de los bosques de América Latina, muchos de los cuales representaban el pulmón del planeta.

Sucesos como éstos llegaron a enardecer al difunto Paíto y ahora a su hija Vicky, quien se comprometió con la idea de no doblegarse hasta liberar a la justicia colombiana del oscurantismo y del control que habían impuesto los hombres responsables del asesinato de su familia.

Galaviz García estaba intranquilo por lo ocurrido. De modo que comisionó a un grupo de sus más acérrimos y sangrientos colaboradores para que averiguaran qué había pasado con la reporterita.

—Busquen a la reporterita, la misma de San Jerónimo. Bastante leña que venía echando a los asuntos de esta zona. Esta vez no vuelvan a cometer el mismo error. Solo les pido que la localicen ¡Miren que a todos ustedes ya los tengo anotados en mi libreta pà que se pongan serios…! Y en cuanto a la periodista ya pensaré qué hacer con ella cuando bajen las aguas por el muerto que me tiraron de este lado del Departamento. Para mí no hay birrete ni reportera que se interpongan en mi camino.

Galaviz García se había iniciado en la política como concejal en San Jerónimo, cargo desempeñado durante más de diez años. Luego asumió la jefatura de la Alcaldía, lugar donde se mantuvo por otros diez años más. Finalmente fue electo Gobernador. Acababa de iniciar su segundo mandato. Era el Alcalde de San Jerónimo cuando asesinaron al maestro Paíto. Tuvo conocimiento del suceso porque fue él quien mandó a que llevaran el cuerpo directamente a la morgue, cuando algunos pedían que primero lo trasladaran al hospital. Sin embargo, lo llevaron a la morgue. Allí el Doctor Emérito Zacarías suscribió el acta de defunción alegando que el maestro había fallecido a causa de un paro respiratorio y le entregó personalmente los tres proyectiles al Alcalde. Para el Burgomaestre los recursos de la municipalidad no se podían derrochar mandando una ambulancia a la capital y menos si no había nada qué hacer. Ese día expresó sus pensamientos, a viva voz:

—El maestro ya está muertito, ¡puesss!, encomendado a mejores manos.

Sus esbirros se dedicaron a escanear el país de punta a punta. Donde no pasaban los mercenarios de Galaviz García, con sus mal entonadas caras, se imponía el eficiente cabildeo, la llamada telefónica, en fin…. Así obtuvieron información privilegiada de los ciudadanos, en flagrante violación de sus derechos. De esta forma dieron con el paradero de la periodista en la ciudad de Bogotá. La información fue comunicada al Jefe, quien se limitó a asentir en franca señal de satisfacción.

—Ahora este asunto me lo dejan cal-ma-di-to.

El Gobernador era conocido por ser un hombre implacable. No daba oportunidades a sus oponentes. Su prédica era: «si no estás conmigo, estás en mi contra». Le llamaban el Águila, pues siempre estaba a la caza de grandes objetivos, tal como lo demostró con su vertiginoso ascenso político en Colombia.

La muerte de la reportera encontrada en la carrera once de San Jerónimo fue una noticia ocultada a Vicki María mientras se hallaba en reposo. No obstante, se enteró del trágico evento a través de Berenice, una periodista que trabajaba con ella en el periódico, a quien había llamado para conversar sobre el próximo tema de la columna. En sus días de convalecencia, Berenice asumiría el desarrollo de la columna *Paradón*.

—Fue un trágico evento. Otra vez San Jerónimo está siendo consumida por la violencia y la impunidad —señaló Vicki evidentemente inquieta—.

La posible captura del responsable del crimen de su padre era un motivo de peso para su inminente regreso a San Jerónimo. Lo que no se imaginaba Vicki, ya restablecida, era que detrás de tal acción estaba la mano inescrupulosa del Águila. El inspector Araujo Peláez habría sido enviado sorpresivamente a Bogotá. Allí recibiría una información clasificada.

A su llegada al aeropuerto, Vicki se sintió extrañada al no ver al inspector. No entendía cómo en esta etapa de la investigación, cuando todo indicaba que habían resuelto el caso, no estuviera el funcionario. Fue a su casa para conversar con los vecinos. Encontró la vivienda con todos los enseres y objetos arrasados como por un huracán: el de la furia de los esbirros de Galaviz García. Nada quedó en pie… Sus pertenencias ausentes, salvo un birrete arrojado en el suelo de una de las habitaciones… Vicki supo que no debía permanecer mucho tiempo allí. En ese momento recibió una llamada de la tía Asunción, preocupada por su presencia en San Jerónimo.

—Vicki sé que estas en San Jerónimo. Te pido perdón. No me siento orgullosa por lo que hice, pero fue el único camino que encontré para detenerlos. Tú madre no se suicidó, si eso era lo que creías. Ellos la mataron.

Lo hicieron luego que ella te trajera a mi casa, después de haber leído la agenda de tu padre. Ese día me entregó las hojas de la Agenda de tu papá que pudiste leer. Dora sabía que no se iban a detener hasta acabar con todos ustedes. Si hubieses estado ese día allí, con tu madre, tal vez estarías muerta. Por favor, deshazte de la lista y no se te ocurra cometer una locura. Mira que los tienes contra la pared.

—Pero ese no era el único camino, tía.

—Lo sé, debo marcharme. Mi presencia te pone en peligro. Adiós hija. Por favor, lee una carta que te dejé en el birrete de tu padre. Mis ojos siempre te estarán cuidando.

Vicki tomó el birrete, sacó la carta, la leyó:

«Vicki, eres la hija que no tuve. Me enorgullece que hayas alcanzado tus metas. No me arrepiento por lo hecho. Fue la manera de honrar la promesa que le hice a mi hermano. Yo estaba en Israel, cumpliendo servicio en el escuadrón Escorpión, una agrupación militar dedicada a la lucha contra el terrorismo y el crimen internacional. Esta organización está dirigida por el Gobierno de Israel en colaboración con nuestro Gobierno. Allí me mantuve durante cinco años trabajando y formándome para proteger personas. Pero una vez que tu padre me llamó para pedirme que me encargara de protegerte en caso que les ocurriera algo, me vi en la obligación de regresar y sacarte de San Jerónimo. Tú siempre fuiste testigo ocular del crimen de tu padre. Ellos lo sabían y por tal razón representabas un peligro. Sin embargo, los cuerpos de seguridad nunca tomaron en serio las investigaciones y tampoco te invitaron a declarar.

Los años pasaron y tu recuperación activó nuevamente su propósito de liquidarte. Esto me obligó a neutralizar a cada una de las personas enviadas para asesinarte. Como puedes ver, solo faltan dos. Y, perdóname, pero no le puedo fallar a tu padre. En estos momentos debo encontrarme a 1 kilómetro de donde tú estás.

Asunción»

Al finalizar la lectura, Vicki María guardó la carta. Escrutó el horizonte para intentar dar con su ángel de la guarda. De pronto, repicó su teléfono. Era Asunción. La llamó para alertarla.

—En este instante dos hombres se dirigen hacia ti para secuestrarte. Si no logras evadirlos, por favor evita oponer mayor resistencia. Son los hombres de Galaviz García. Hay un tercer hombre. Es el Doctor Zacarías, el más peligroso, se encuentra en el auto. No te preocupes por él, desde donde me encuentro dudo que falle.

Con lágrimas en su rostro, desplazándose de un lado a otro epilépticamente, y sin atinar qué hacer, pensó que había sido un error creer en la posible resolución del asesinato de su padre. Se dirigió hasta donde su vecino Azafrán. Tocó su puerta. No estaba. En el retorno a su casa, antes de entrar, ya desesperada, llamó a Justo Prieto.

—Hola, Vicki, ¿Cómo sigues?

— Me encuentro en San Jerónimo porque alguien se comunicó conmigo en Bogotá para informarme que capturarían a los asesinos de mi padre. Supuse que eran funcionarios de la Comandancia de la Policía Nacional y ahora estoy en peligro de muerte…

Luego de ese momento no supo más de ella ni de nadie. Un hombre la llamó por su nombre. Acto reflejo volteó, le colocaron un pañuelo en la nariz y la llevaron hacia un vehículo negro, aparcado a pocas cuadras del lugar. Al llegar al carro, se encontraron con que el Doctor Zacarías tenía los sesos desechos. Esto los puso en alerta. Cuando intentaron sacar el cuerpo del auto se escucharon cuatro explosiones. Allí supieron que se trataba de un francotirador que acababa de reventar las cuatro llantas del carro. Los hombres de Galaviz García sabían que estaban literalmente en la mira. Utilizaron a la joven como escudo, mientras detenían a fuerza de pistola un nuevo vehículo que transitaba por el lugar.

Subieron al carro. El chirrido desenfrenado de las llantas se dejó escuchar. Los dos hombres desaparecieron con dirección al búnker en la hacienda de café La Madrileña, perteneciente a Galaviz García. El móvil de la periodista quedó abandonado en el borde de una pequeña escalera que estaba en la entrada de su casa.

Desde Bogotá, el Águila se encargaba de coordinar los movimientos de sus colaboradores, quienes reportaban prolijamente lo que sucedía con la periodista. También hicieron de su conocimiento la amarga noticia del asesinato de Zacarías: «¡Que buena vaina con esta reporterita! ¡Hasta la Dama del Birrete está de parte de ella!».

El águila se encontraba celebrando en el hotel Sheraton de Bogotá. Cuando recibió la llamada se disponía a brindar por el repunte que había experimentado en las encuestas. Los números manejados por las Encuestadoras más importantes del país lo situaban a dos puntos de quien representaba la primera opción. La Dama del Birrete ocupaba el tercer lugar en las preferencias del electorado sin hacer campaña y sin mostrar su rostro. Galaviz García tomó la decisión de congelar por algún tiempo la ejecución de la periodista. Alertó a sus secuaces que era mejor enfriar este asunto hasta después de las elecciones. Asumió dirigir personalmente su campaña para las presidenciales. Su estrategia inicial se centraría en denunciar las acciones que menoscababan la función de los medios de comunicación y el ejercicio profesional de los periodistas. Como bandera, hacía referencia al reciente secuestro de Vicki María.

La campaña fue lanzada en San Jerónimo. Allí invitó a los más importantes medios de comunicación del país para presentar su plan de Gobierno. Planteó acabar con las mafias del litio, con el tráfico de drogas, con los secuestros exprés, con la violencia, con todas las formas de cercenamiento a las libertades, en especial, la de expresión. Propuso apalancar a los campesinos, fomentar planes de alfabetización para los niños, impulsar programas de emprendimiento productivo para las mujeres, iniciar un programa de asistencia social focalizado en los sectores más vulnerables de la población, atraer las inversiones extranjeras, generar planes cónsonos con la Agenda del Desarrollo Sostenible, promover el Plan Cero Violencia de Género y fomentar un país democrático donde se respete la diversidad de pensamiento, sea de la naturaleza que fuere. Y además, como estrategia política para forzar la alianza con los otros factores, prometió acabar con la tal *dama del birrete*. Los asistentes al evento aplaudieron al unísono. Ahora Galaviz García había remontado la cuesta en dos puntos por encima de su principal rival. Le faltaba poco para estar en la Casa de Nariño. De eso estaba seguro.

Vicki se había convertido en la víctima mejor escondida por la mente macabra de Galaviz García. Nadie dudaba de la credibilidad del candidato. Los pueblos suelen ser desmemoriados. Cometen los mismos errores una y otra vez. Parece ser una plaga en América Latina…

Galaviz García había facilitado algunas de sus propiedades para llevar a cabo eventos sobre la libertad de expresión. El fin era recaudar fondos en favor de los periodistas que habían sido víctimas de la delincuencia organizada, mientras en las mazmorras de dichas propiedades estaba secuestrada Vicki María Suárez, ante los ojos de todos.

En su cautiverio, Vicki sabía que la única carta que podía jugar consistía en intentar salir antes de las elecciones. Había escuchado algunas conversaciones de sus captores donde comentaban que debían salir del paquete cuando se dieran los resultados de los comicios. Sabía que estaban hablando de ella.

Últimamente solo le daban agua y pan para alimentarse. Durante el mes que llevaba su confinamiento, recordó que al comienzo le daban maíz cocido, pero no siguieron suministrándoselo porque le producía ganas de ir al baño con frecuencia. Desesperada por el silencio, el frío de la noche y el maullar de los animales, decidió escribir un nuevo cuento. Usó como tinta su sangre:

Sangre en el jardín

Ayer me dediqué a buscar en mi jardín una rosa roja, tan roja como mi sangre. Había rosas blancas, rosadas, amarillas y una extraña rosa azul. Pero ninguna como la rosa que yo buscaba. Dediqué días y noches, pero no daba con ella.

Pasaron los días. Centré mis esperanzas en un pequeño capullo que apareció con la última lluvia. No estaba seguro que diera con una rosa roja como mi sangre. Así que decidí arrancar el capullo y sembrarlo en mi corazón para que mi sangre lo tiñera de rojo escarlata.

Las espinas hincaban mi corazón. Las hojas se resistían a crecer. Las raíces se dispersaron alrededor de mi corazón. Se internaron a través de mis venas. No entendía su destino. A veces sentía que me querían tomar para sí… Una noche, cuando despuntaba el alba, vi cómo la rosa abría sus enormes pétalos. Eran rojos. Rojo escarlata, igual que la sangre que alimentaba mi vida y que ahora no me pertenecía.

7

El inspector Arauco Peláez se entrevistó en secreto con Justo Prieto, director del Semanario de San Jerónimo, a quien le confió una información que comprometía al candidato. Justo sabía que la única forma de garantizar que Vicki María no fuera ejecutada era mediante una estrategia que pusiera al descubierto la manipulación del Águila con su campaña. Esto podría llevarlo a cometer un error y de esta forma podrían dar con el paradero de la reportera.

La noticia no tardó en llegar al Águila. El nuevo artículo de la columna *Paradón* estaba referido al crimen del maestro de los niños, Paíto. En él se congregaron varias de las expresiones que una vez comentó Galaviz García sobre aquel crimen del maestro cuando aún era el Alcalde de la localidad de San Jerónimo. La expresó cuando la sangre de Suárez aún estaba tibia:

—El maestro ya está muertico, ¡puesss!, encomendado a mejores manos.

Tal expresión no solo fue señalada como carente de empatía y dotada de cruel sarcasmo. En el artículo fue reseñado el infeliz desencuentro que tuvo Galaviz García en el velorio de la reportera cuando se presentó para ofrecer su sentido pésame a los familiares de una víctima que no era la esperada. Acto que terminó con la desagradable acción de regalarle las coronas a la víctima:

—¡Ahí les dejo esas bonitas coronas de mi parte, el próximo Presidente!

¡Pónganles el nombre de la verdadera difunta, que le va mejor!

La intención del artículo era mostrar el verdadero rostro del candidato, quien se reía de sus fechorías y para quien el país era su feudo. La columna desató la cólera del Águila. Ordenó sacar a la periodista de su propiedad para llevarla a otro Departamento del país con el propósito de ejecutarla en una zona que no lo comprometiera. El gobernador sospechaba que detrás de esta última acción también estaba involucrada su enemiga, la dama del birrete. De modo fue ese día se podó el bigote. También el cabello.

El Inspector sabía que la única oportunidad para liberar a la periodista era penetrando el anillo de seguridad de los captores con dos policías de su mayor confianza. Los movimientos de la gente del Águila fueron suministrados al móvil de Arauco Peláez por la dama del birrete, quien había jaqueado el teléfono del Gobernador. Durante la noche del domingo se inició el operativo para rescatar a la reportera, pues sería trasladada desde la Hacienda La Madrileña hasta el Departamento del Chocó.

En el recorrido había fincas, haciendas, una tras otras. También se hallaban hoteles, asilos, ríos, parques. Era una suerte de espectáculo ecoturístico no conveniente para el desplazamiento de la periodista. Los hombres estaban asediados por la presencia de tanta infraestructura y de gente que pululaba por todos lados. Dos carros habían sido dispuestos para llevar a la joven mujer. Ella se encontraba en el segundo. Iba en la maleta. La habían dormido.

En el primer carro estaban el turco, coyote y Popeye. El turco manejaba. Había sido piloto de carrera durante muchos años. Pero esta vez no quería hacerlo. Una suerte de presentimiento despertó con él ese día. Estaba azorado. Coyote andaba confiado, como siempre. A Popeye le entusiasmaba la idea de dar de baja a una mujer periodista. Decía que él se encargaría de enterrar a una "sapa".

El turco susurraba en su idioma natal, al tiempo que gotas gruesas y sin control se dejaban correr por su rostro. Coyote y Popeye sabían que él no estaba bien. El conductor iba a una velocidad que no era propia de un piloto. Tampoco su inseguridad. Ni su evidente miedo. Se detuvieron a comprar cigarros, asunto que les estaba prohibido, y siguieron la marcha. Pero 200 metros después fueron interceptados. El primero de los carros fue sacado de la carretera. Los tres hombres se lanzaron hacia los matorrales. Los policías lograron darles de baja casi de inmediato. Los otros tres hombres, que iban en el segundo carro, se adentraron en la densa vegetación. Se desató una persecución. En el enfrentamiento, que parecía una guerra, una de las balas alcanzó a Eguita, uno de los hombres del Águila, quien se arrodilló y levantó sus manos en señal de rendición. Era la adquisición más reciente de Galaviz García. La operación que ejecutaría ese día sería su prueba para ingresar a las filas del Ejército paralelo y particular del

Gobernador.

Los otros dos se adentraron en las espesas plantaciones cafetaleras… Lograron huir. A Eguita no le quedó más remedio que decir lo poco que sabía sobre la operación. A Vicki la sacaron del auto. La encontraron deshidratada y mal nutrida, aunque en buen estado de salud.

La periodista fue llevada por los funcionarios a una clínica privada donde la evaluaron. Luego la trasladaron a Bogotá. Desde allí contactó de inmediato a Justo Prieto para hacerle entrega de su último artículo. Lo tituló: *la caída del Águila.* Se trató de un dossier de información sobre los crímenes del candidato, sus alianzas con otros políticos y organizaciones vinculados a acciones delictivas. En el documento hubo señalamientos sobre los negocios sucios de Galaviz García con otros gobiernos en América Latina que buscaban llenar de dolor y miseria a esos países, estrategia para mantenerse en el poder. Uno de los crímenes que le fue imputado fue el asesinato del maestro Paíto, ejecutado por uno de sus secuaces, incorporado en su organización cuando apenas era un niño.

El secuestro de la Periodista fue la última carta que el destino le puso en su camino para penetrar el imperio que mantenía Galaviz García. Así pudo conocer a esos seres anónimos de miradas contemplativas, cautivas por el miedo y la turbación. Eran esos los personajes que la atormentaban en sus sueños y buscaban en ella una voz para liberarse del silencio que los había oprimido desde niños. Estaban desesperados por señalar al demonio, quien actuando bajo la protección del Estado esclavizó a niños, campesinos, padres, hombres y mujeres. Trabajaban directa e indirectamente para Galaviz García en sus haciendas, cenáculos del crimen y del terror.

Muchos de esos hombres y mujeres fueron parte de los niños de tierra que Paíto alimentó de sabiduría y conocimiento. Sin embargo, pudo más el brazo del crimen que los captó en sus escondites bajo la amenaza de asesinar a sus padres. Obligados para servir al Águila. Fue allí, en el mismo infierno, donde encontraron luz en los ojos de la hija de Paíto, a quien hablaban de su tragedia cada vez que iba al baño. El horror de las historias llevó a Vicki María a grabarlas en su memoria para presentarlas luego al mundo.

El dossier fue objeto de una minuciosa averiguación por la Procuraduría Nacional. Como consecuencia, se produjo la condena del Gobernador Galaviz García y de sus cómplices por delitos que iban desde asesinato, tráfico de drogas, trata de personas, esclavitud, prostitución, trato cruel, lavado de dinero y terrorismo. Delitos cometidos junto al tráfico de litio. Galaviz García dedicó muchos años a tan cruenta actividad cuando era parte del Gobierno.

La columna *Paradón* se constituyó en un referente informativo en la sociedad colombiana. Permitió detener una poderosa estructura criminal hasta entonces intocable. Durante su reclusión en la cárcel de Cómbita en Bogotá, el ex Candidato a la presidencia, Galaviz García de la Fogonera, era el primero en comprar el Semanario de San Jerónimo para leer la columna el "Paredón", la misma que lo llevó a purgar una condena de prisión perpetua en Colombia. Otros países lo solicitaban. Lo requerían para que pagara condena por los delitos cometidos contra esas naciones. Tal vez a sus sesenta y cinco años de edad no eran suficientes para resarcir los crímenes cometidos.

La entrega del diario en la cárcel de Cómbita en Bogotá era una edición especial que coordinaba directamente la propia Vicki María Suárez. Esta impresión se mantuvo por veinte años. Su principal lector, Galaviz García de la Fogonera, falleció. No se enteró que la reportera, a su columna preferida, se había encargado de hacer una pequeña triquiñuela en el nombre. Invirtió la letra "a", de modo que en lugar de leerse *Paradón* se leía *Paredón*. En esto se convirtió la columna para ese personaje.

Vicki María no tuvo más noticias de su tía Asunción. En Navidad recibió una postal desde Israel con unas breves palabras. Se leía: siempre te estaré observando.

Y al final, la siguiente abreviatura: DB